创新型素质教育精品教材

互联网+教育改革新理念教材

新编现代礼仪

实用教程

（第二版）

主编 刘 娟 田 静 冯宝贵

航空工业出版社

北京

内 容 提 要

本书主要介绍了现代礼仪方面的相关知识。全书共分为五个部分，内容包括基本礼仪、商务礼仪、政务礼仪、服务礼仪、宗教礼仪与世界各国节日习俗及禁忌。本书视角新颖、内容翔实，并力求与国际惯例接轨，是集理论性、实践性和可操作性为一体的教材。

本书可作为各类院校礼仪规范教材，也可以作为各级机关、企事业单位的礼仪培训教材，还可以作为广大读者提高礼仪素质的参考用书。

图书在版编目（CIP）数据

新编现代礼仪实用教程 / 刘娟，田静，冯宝贵主编. -- 2版. -- 北京：航空工业出版社，2018.7 （2023.1重印）
ISBN 978-7-5165-1640-9

Ⅰ. ①新… Ⅱ. ①刘… ②田… ③冯… Ⅲ. ①礼仪－教材 Ⅳ. ①K891.26

中国版本图书馆 CIP 数据核字(2018)第 152412 号

新编现代礼仪实用教程（第二版）
Xinbian Xiandai Liyi Shiyong Jiaocheng（Di-er Ban）

航空工业出版社出版发行
（北京市朝阳区京顺路5号曙光大厦C座四层　100028）
发行部电话：010-85672663　　010-85672683

北京谊兴印刷有限公司印刷	全国各地新华书店经销
2018年7月第1版	2023年1月第5次印刷
开本：787×1092　1/16	字数：283千字
印张：12.25	定价：39.90元

前言 Preface

　　礼仪是人类文明和社会进步的重要标志，是人们进行社会交往的必备条件。礼仪不仅是人际沟通的纽带和重要手段，而且是个人的内在修养和精神风貌的外在体现。学习礼仪，有利于人们恪守社会行为规范，有利于塑造良好的个人形象和整体形象，有利于建设社会主义精神文明，有利于社会主义荣辱观和以德治国重要举措的全面落实。学习礼仪常识，遵守礼仪规范，是现代人文明生活的基本要求。

　　为提高大学生的礼仪修养，我们根据国家对礼仪课程的要求，并在听取了多位具有多年礼仪课程教学经验的教师意见的基础之上，精心组织编写了《新编现代礼仪实用教程》一书。希望学生通过学习本书，能够塑造举止得体、文明礼貌的学生形象，为其打造成功进入现代社会的礼仪通行证。

　　本书以"使学生领悟礼仪价值，准确表达礼仪技巧，自觉养成文明礼仪习惯"为目标，从人际交往的多角度和不同职业的特点出发，介绍了现代礼仪的相关知识。具体来说，本书主要具有以下特点：

　　● **内容全面，讲解精练**

　　本书从基本礼仪、商务礼仪、政务礼仪、服务礼仪、宗教礼仪与世界各国节日习俗及禁忌五个方面全面介绍了现代礼仪的相关知识。但在讲解时，淡化了学科和理论色彩，着力编写了各种礼仪的基本要求和行为规范，叙述语言精练，言之有物。

　　● **图文结合，版式生动**

　　本书采用图文结合的讲解方式，还在正文中穿插设有"礼仪知识窗""礼仪故事屋""礼仪互动吧""活学活练"等模块，版式生动活泼，有效地避免了长篇大论的乏味教学，充分调动了学生的积极性。

　　● **辅以微课，轻松掌握**

　　本书在讲解一些知识点（如化妆技巧、领带打法、仪态礼仪等）时，配上了微课二维码，学生通过扫码可获取相关知识，从而轻松掌握其内容。

本书由刘娟、田静、冯宝贵担任主编，张新有、代敏、胡四莲、李桂平、陆琦、蔡晓琴担任副主编。在编写过程中，我们参阅了大量有关服务礼仪的资料和教材，在此，对这些资料的作者和编者表示衷心的感谢。由于编写时间仓促，书中不尽如人意之处在所难免，恳请广大读者批评指正。

本书编委会

主　编：刘　娟　田　静　冯宝贵

副主编：张新有　代　敏　胡四莲

　　　　李桂平　陆　琦　蔡晓琴

目录 Contents

第一部分 基本礼仪

第一章 礼仪概述 ·········· 2
- 第一节 礼仪的形成、变革与发展 ·········· 2
- 第二节 礼仪的概念及特征 ·········· 3
- 第三节 礼仪的原则和功能 ·········· 4
- 第四节 东方礼仪与西方礼仪 ·········· 5

第二章 个人形象礼仪 ·········· 8
- 第一节 仪容礼仪 ·········· 8
- 第二节 着装礼仪 ·········· 13
- 第三节 仪态礼仪 ·········· 20

第三章 日常交往礼仪 ·········· 32
- 第一节 称呼礼仪 ·········· 32
- 第二节 介绍礼仪 ·········· 34
- 第三节 会面礼仪 ·········· 37
- 第四节 名片礼仪 ·········· 40

第四章 大学生礼仪 ·········· 44
- 第一节 校园生活礼仪 ·········· 44
- 第二节 校园学习礼仪 ·········· 50
- 第三节 校园仪式礼仪 ·········· 54
- 第四节 大学生求职礼仪 ·········· 56

I

第二部分　商务礼仪

第一章　商务礼仪概述……60
- 第一节　商务礼仪的概念及特点……60
- 第二节　商务礼仪的"3A 法则"……60

第二章　拜访与接待礼仪……63
- 第一节　拜访礼仪……63
- 第二节　接待礼仪……65

第三章　馈赠与受赠礼仪……68
- 第一节　馈赠礼仪……68
- 第二节　受赠礼仪……70

第四章　商务信函礼仪……72
- 第一节　书信……72
- 第二节　请柬和邀请信……74
- 第三节　聘书……77
- 第四节　贺卡……78
- 第五节　商务启事……78
- 第六节　商务电子邮件……79

第五章　商务会议与仪式礼仪……82
- 第一节　会议礼仪……82
- 第二节　仪式礼仪……90

第六章　推销礼仪……97
- 第一节　推销人员的仪表礼仪……97
- 第二节　推销人员的举止礼仪……98
- 第三节　推销人员的语言礼仪……99

第三部分　政务礼仪

第一章　政务礼仪概述……102
- 第一节　政务礼仪的概念及特点……102
- 第二节　政务礼仪的独特之处……102

第二章　会议礼仪……104
- 第一节　会前准备礼仪……104

第二节　会议服务礼仪 ……………………………………………………106
　　第三节　与会者礼仪 ………………………………………………………108
　　第四节　会议结束礼仪 ……………………………………………………110

第三章　办公室礼仪 …………………………………………………………111
　　第一节　办公室环境礼仪 …………………………………………………111
　　第二节　办公室人际关系礼仪 ……………………………………………112

第四章　国际礼宾礼仪 ………………………………………………………115
　　第一节　礼宾次序及国旗礼仪 ……………………………………………115
　　第二节　常见的国际礼宾活动礼仪 ………………………………………119

第五章　餐饮礼仪 ……………………………………………………………126
　　第一节　中餐礼仪 …………………………………………………………126
　　第二节　西餐礼仪 …………………………………………………………133
　　第三节　宴会礼仪 …………………………………………………………139
　　第四节　招待会礼仪 ………………………………………………………141
　　第五节　工作餐礼仪 ………………………………………………………143

第四部分　服务礼仪

第一章　服务礼仪概述 ………………………………………………………148
　　第一节　服务礼仪的概念及特点 …………………………………………148
　　第二节　服务礼仪的基本要求 ……………………………………………148

第二章　酒店服务礼仪 ………………………………………………………151
　　第一节　酒店主要岗位的礼仪规范 ………………………………………151
　　第二节　酒店服务人员的语言规范 ………………………………………154
　　第三节　酒店服务人员工作期间的注意事项 ……………………………155

第三章　店面服务礼仪 ………………………………………………………156
　　第一节　店面服务礼仪的基本要求 ………………………………………156
　　第二节　店面服务礼仪的重要法则 ………………………………………157

第四章　导游服务礼仪 ………………………………………………………159
　　第一节　导游人员的服饰要求 ……………………………………………159
　　第二节　导游人员的仪态要求 ……………………………………………160
　　第三节　导游人员的语言要求 ……………………………………………160
　　第四节　导游人员在导游活动中的注意事项 ……………………………162

第五章　空中乘务服务礼仪 …… 163
第一节　空乘人员的职业要求 …… 163
第二节　空乘人员的语言要求 …… 164

第五部分　宗教礼仪与世界各国节日习俗及禁忌

第一章　宗教礼仪 …… 170
第一节　基督教 …… 170
第二节　伊斯兰教 …… 171
第三节　佛教 …… 172
第四节　道教 …… 173

第二章　各国节日习俗 …… 174
第一节　中国传统节日习俗 …… 174
第二节　其他国家节日习俗 …… 176

第三章　世界主要国家和地区禁忌 …… 180
第一节　亚洲 …… 180
第二节　欧洲 …… 182
第三节　南北美洲 …… 183

第一部分
基本礼仪

第一章 礼仪概述

中华民族是人类文明的发源地之一,文化教育传统源远流长,中国自古以来都崇尚礼仪,素有"礼仪之邦"的美称。那么,礼仪究竟何时起于何故?在传承和沿袭的过程中又是如何发展变革的?

第一节 礼仪的形成、变革与发展

一、礼仪的形成

礼仪之邦

奴隶社会时期,统治阶级为了巩固自己的统治地位,把原始的宗教祭祀礼仪发展成符合奴隶社会政治需要的礼制。这一时期,中国形成了比较完整的礼制——"五礼",即吉礼、凶礼、军礼、宾礼、嘉礼。我国最早的礼仪学专著《周礼》、《仪礼》、《礼记》也撰修于这一时期。

礼仪知识窗

五礼的内容

吉礼是指祭祀的典礼;凶礼是指丧葬礼仪;军礼是指阅兵、出师等仪式;宾礼是指诸侯对天子的朝觐及诸侯之间的会盟等礼节;嘉礼是指婚礼、冠礼、饮食之礼、庆贺之礼等。

二、礼仪的变革

春秋战国时期,"百家争鸣"促进了学术思想的发展。以孔子、孟子为代表的诸子百家对礼教进行了研究,对礼仪的起源、本质和功能进行了系统阐述。

孔子提出"不学礼,无以立"(《季氏》),意为:一个人如果不学习社会的规范准则,就无法立足于社会。这就要求人们用礼的规范来约束自己的行为,做到"非礼勿视,非礼勿听,非礼勿言,非礼勿动"。

孟子把"礼"解释为对尊长和宾客严肃而有礼貌,即"恭敬之心,礼也"。他强调礼的本质高于形式,传扬了人的道德自觉意识与生命意识。

三、礼仪的发展

随着近代工业的迅速兴起和商品经济的大规模发展，人际交往日趋频繁，人们更需要用"礼节"来调节和增进彼此间的关系。交际礼仪成了人们社会生活中不可或缺的东西。改革开放以来，随着中国与世界的交往日趋频繁，西方一些先进的礼仪陆续传入我国，同我国的传统礼仪一道融入社会生活的各个方面，构成了社会主义礼仪的基本框架。许多礼仪从内容到形式都在不断变革，现代礼仪进入了全新的发展时期。

第二节 礼仪的概念及特征

一、礼仪的概念

礼仪是指人们在社会交往活动中形成的行为规范与准则，具体表现为礼貌、礼节、仪表、仪式等。

- ◇ 礼貌：指人们在相互交往过程中应具有的相互表示敬意、友好的得体气度和风范。
- ◇ 礼节：指人们在社会交往过程中表示尊重、致意、问候、哀悼等惯用的形式和规范。
- ◇ 仪表：指人的外表，如容貌、服饰、姿态等。
- ◇ 仪式：指在特定场合举行的、具有专门程序的、规范化的活动，如发奖仪式、签字仪式、开幕式等。

从个人修养角度来看，礼仪是一个人的内在修养和素质的外在表现；从道德的角度来看，礼仪是待人接物的行为规范、行为准则或标准做法；从交际的角度来看，礼仪是人际交往中适用的一种艺术，是一种交际方式或方法；从审美的角度来看，礼仪是一种形式美，是人们心灵美的必然外化。

二、礼仪的特征

礼仪是在漫长的社会实践中逐步形成、演变和发展起来的，具有普遍性、规范性、文明性、多样性、对象性、操作性等特征。

1. 普遍性

礼仪作为一种文化现象，是全人类的共同财富，它具有普遍性。在任何国家、任何场合、任何人际交往中，人们都自觉地遵守礼仪。

2．规范性

一个礼仪标准不统一甚至互相矛盾的社会，往往是一个不和谐的社会。讲究礼仪，必须采用标准化的表现形式，才会获得广泛认可。

3．文明性

礼仪是人类文明的结晶，是现代文明的重要组成部分。文明的体现宗旨是尊重，既是对人也是对己的尊重，这种尊重总是同人们的生活方式有机地融合在一起，成为人们日常生活、工作中的行为规范。

4．多样性

世界是丰富多彩的，礼仪也是绚丽多姿的。世界各地的民俗礼仪千奇百怪，几乎没有人能说清楚世界上到底有多少种礼仪形式。从举止礼仪到规范礼仪，从风俗礼仪到宗教礼仪等，在不同的国家、不同的场合，礼仪的表达方式也有所不同。

5．对象性

礼仪作为约定俗成的行为规范，在具有普遍性的同时，又表现出一种较为明显的对象性。在面对不同的交往对象，或在不同领域内进行不同类型的人际交往时，往往需要讲究不同类型的礼仪。例如，东方人含蓄、深沉，西方人直率、开放；东方人见面习惯于拱手、鞠躬，西方人见面则习惯于接吻、拥抱。

6．操作性

在具体运用礼仪时，"有所为"与"有所不为"都有各自具体的、明确的、可操作的方式与方法。

第三节　礼仪的原则和功能

一、礼仪的原则

不同的社会背景形成不同的礼仪规范，礼仪形式纷纭繁复。但是，任何事物都有一些共同的规律可遵循，礼仪也不例外，也有它可以遵循的原则。在公共关系活动中应遵守以下礼仪的基本原则。

1．自律原则

指自我约束，按照礼仪规范严格要求自己，知道自己该做什么、不该做什么。

2．尊重原则

尊重原则是礼仪的基本原则。所谓尊重，首先是在自尊、自爱的同时，尊重他人的人格、劳动和价值，以平等的身份同他人交往；其次是尊重他人的爱好和情感，不强求他人按自己的爱好和兴趣来生活、行事。

3. 平等原则

平等是人与人交往时建立情感的基础。在人际交往中，要尊重交往对象，以礼待人，有来有往，既不能盛气凌人，也不能卑躬屈膝。对任何交往对象都一视同仁，给予同等程度的礼遇。

4. 适度原则

所谓适度原则就是指在应用礼仪时应把握好分寸，根据具体情况、具体情境行使相应的礼仪。例如，在与人交往时应不卑不亢，自尊但不能自负，坦诚但不能粗鲁，谦虚但不能拘谨。

5. 宽容原则

宽容即容许别人有行动和判断的自由，认同不同于自己或传统观点的见解。

6. 从俗原则

从俗是指交往各方都应尊重对方的风俗和习惯，了解并尊重各自的禁忌。由于国情、民族和文化背景的不同，必须坚持入乡随俗，与绝大多数人的习惯做法保持一致，切勿目中无人，自以为是。

二、礼仪的功能

礼仪作为一个社会、一个民族的道德规范的外化，从古至今无时无刻不在影响着人们的生活和工作。具体地讲，礼仪有以下几个方面的作用。

1. 提高自身修养

礼仪是高尚而美好的，它教人取义、向善、向美，通过评价、劝阻、示范等教育形式纠正人们的不良行为习惯，协调人际关系，维护社会正常生活。

2. 调节人际关系

礼仪是人际交往的钥匙，是联络人们感情的纽带、沟通人际关系的桥梁，它对营造一个平等、团结、友爱、互助的新型人际关系环境发挥着不可忽视的作用。

3. 促进社会和谐

在社会生活中，礼仪是润滑剂和冷凝剂，能使社会中的摩擦和冲突降低到最低点。我们遵守并应用礼仪的同时就是在营造一种和谐的氛围，这种氛围使每一个生活在其中的人都能得到精神的洗礼，从而有助于净化社会风气，促进整个社会的和谐发展。

第四节　东方礼仪与西方礼仪

由于生活方式、宗教信仰和文化的不同，东、西方形成了不同的礼仪制度。

一、东方礼仪及其特点

东方礼仪主要是指以中国、日本、朝鲜、泰国等亚洲国家为代表的具有东方民族特点的礼仪文化。与西方礼仪相比，东方礼仪具有以下特点。

1. 重视亲情和血缘

东方民族尤其信奉"血浓于水"这一传统观念，所以人际关系中最稳定的关系是血缘关系。当多种利益发生矛盾和冲突之时，多数人恐怕会选择维护有血缘关系的家族利益。

很多中国传统的大家庭，四世同堂，共居一室，家长维系着家庭中各个成员之间的关系，并具有绝对的权威性。庞大的家庭结构虽然矛盾重重，但"人丁兴旺，儿孙满堂"就足够了。

2. 谦逊、含蓄

与率直、坦诚的西方人相比，东方人通常显得谦逊和含蓄。以送礼为例，中国人及日本人在送礼时费尽心机，精心挑选，但在受礼方面前却总是谦逊而恭敬地说"微薄之礼不成敬意，请笑纳"之类的话。东方人在受礼时，往往只说"谢谢"而不马上打开礼物，唯恐礼物过轻或不尽如人意而有失对方的面子，或显得自己重利轻义，有失礼貌。

3. 强调共性

东方人非常注重共性拥有，国民都有较强的民族感。很多企业的经营管理充满着家庭式的色彩，富有人情味，人人以为集体谋事出力而感到光荣。

4. 礼尚往来

礼是联系人际交往的媒介和桥梁。这里的"礼"，主要指礼物，其实礼物本身并不重要，重要的是渗透其中的情感。"来而不往非礼也"，意思是说，接受了别人的礼物而不懂得回赠，是很不礼貌的行为。

东方人送礼的名目繁多，除了重要的节日相互拜访需要送礼外，平时的婚、丧、嫁、娶、生日、提职、加薪等都可以作为送礼的理由。

二、西方礼仪及其特点

西方礼仪的产生与西方文明的发展有关密切的关系。它萌芽于古希腊，形成于17~18世纪的法国，其间深受古希腊、古罗马、法兰西等国文化的影响。西方资产阶级登上历史舞台后，不仅在经济基础，而且在上层建筑各个领域都进行了伟大的变革。这一时期西方礼仪有了重大的发展，属于少数贵族的封建礼仪习俗，逐步被社会文明规范的礼仪所取代。

西方礼仪文化尤其强调规范人的行为，如尊重妇女、男士讲求绅士风度等。综合起来，西方礼仪具有以下特点。

1. **简单实用**

西方礼仪是西方各国人民在长期实践活动中形成的。因此，西方礼仪具有很强的现实性。

2. **个性自由**

西方礼仪处处强调个人拥有绝对的自由（在不违反法律的前提下），将个人的尊严看得神圣不可侵犯，崇尚个人的力量，追求个人利益。所以，在西方，冒犯对方"私人的"所有权，是非常失礼的行为。

3. **惜时如金**

西方人常随身携带记事本，记录日程的安排，赴约须提前到达，至少要准时，且不应随意改动。这一点在德国人的思想观念中表现尤为突出，他们与人约会常将时间精确掌握到分秒不差。

4. **自由、平等、开放**

从古希腊开始，在与自然的抗争中，西方人就形成了独立进取的乐观精神。西方人提倡人人平等，积极参与竞争，漠视家庭血缘关系。这一点刚好与东方人的家庭观念形成了鲜明的对比。

第二章　个人形象礼仪

人的外表形象在待人处事、交往应酬中所起的作用是不容忽视的。整洁大方的个人形象，得体的言谈，高雅的举止，良好的气质风度，往往会给对方留下深刻而又美丽的印象，从而建立起友谊和信任关系，实现社交的目标。

第一节　仪容礼仪

仪容通常是指一个人的外观、外貌，它由面容、发式以及身体所未被服饰遮掩的肌肤组成。在人际交往中，自然健康、整洁端庄的容貌能给交际对象留下美好的第一印象，从而为双方进一步交谈创造良好的开端。

一、头发的修饰

头发是人体的制高点，是别人第一眼关注的地方。整洁的头发、得当的发型会使人显得精神抖擞、容光焕发。

（一）头发的清洁与保养

要及时理发，经常梳洗头发，做到无头屑、无油垢、不凌乱。应根据发质选择洗发剂和确定洗发周期。油性头发者应选择去油功能强的洗发剂，每 3～5 天洗一次；干性头发者选择含有蛋白质的营养型洗发剂，每 5～7 天洗一次。洗发时，水温以 40℃ 左右为宜。

理想的发质应该是色泽统一、有光泽和弹性、不分叉的。保护头发可从饮食入手，多吃含有维生素、微量元素、蛋白质的食物。如果头皮屑过多，可吃海带、紫菜、海鱼等含碘多的食物；头发枯黄或过早变白，应多吃动物肝脏、黑芝麻、核桃、葵花子、黄豆等；头发脱落过多，则应多吃黑豆、蛋、奶、松仁等。

（二）发型的选择

在保证头发整洁的同时，应根据自己的脸型、体型、年龄、发质和气质选择与自己的职业和个性相符合的发型，以增强人的整体美，如图 1-2-1 所示。例如，圆脸型的人五官集中，额头和下巴偏短，双颊饱满，可选择垂直向下的发型；方脸型的人面部短阔，两腮突出，轮廓较为平直，在选择发型时应侧重于以圆破方，使脸部显得比较柔和；长脸型的人应重在抑"长",可适当在头的两侧增加发量,削出发式的层次感。

图 1-2-1　不同发型

总的来说,男士的发型应给人以得体、整齐和略显成熟、稳重的感觉;女士的发型应清秀典雅,给人以持重、干练、成熟的感觉。

二、面容的修饰

面容修饰的基本要求应体现洁净、健康、自然。一般要求男士面部要清爽宜人,口气清新。女士则不宜过于追求前卫、标新立异、浓妆艳抹,只宜稍作修饰保持清新自然。

(一)面部清洁

清洁面部应做到早晚各一次。洗脸水的温度以 40℃左右为宜。洗脸时,应选用符合自身肤质的洁面产品,涂在掌心用水揉开,然后均匀地抹在脸部、耳朵、脖颈处,从下往上、从内向外打圈揉搓并反复多次,再用清水洗去泡沫。

在洗完脸后,应用手沾取适量的爽肤水轻拍面部,以补存面部皮肤的水分;然后在脸上涂抹适当的润肤产品,以补充面部皮肤所需养分,使其保持润泽、光洁、清爽。

 礼仪小贴士

> **洗脸的妙招**
>
> 　　为了更好地保护皮肤、美化面容,在洗脸过程中,可以根据自身的肤质选用合适的洗脸方法。干性皮肤油脂分泌较少,每次洗脸时可往水中加入少许蜂蜜,以滋润面部;中性皮肤油脂分泌适中,每次洗脸后可用热毛巾捂脸片刻,以保留面部水分,使面部柔滑滋润;油性皮肤油脂分泌较多、易生粉刺,每次洗脸时可往水中加入少许白醋,以便有效去除过多的油脂,使皮肤富有光泽和弹性。

第一部分　基本礼仪

（二）化妆修饰

在正式场合，女性不化妆是不礼貌的。在崇尚自然美的基础上，加一点人工的修饰，可以使人焕发青春的光彩，并增强自信心。化妆分为浓妆和淡妆两种，浓妆是一种艳丽的美，会给人一种庄重、典雅、高贵的感觉，多用于晚宴、演出等特殊的社交场合。淡妆是一种简单、大方、自然的美，比较适合生活中和上班时使用。

淡妆教程

简易的化妆步骤为：

（1）按涂化妆水→抹粉底霜→上粉底→扑化妆粉（也可不用）的顺序进行基本化妆；

（2）按画眼线→涂眼影→涂睫毛膏的顺序进行眼部化妆；

（3）画眉毛；

（4）涂腮红；

（5）涂唇膏；

（6）对鼻部进行化妆以增强立体感。

此外，还应注意的是不同脸型的人，在化妆时的侧重点是有所区别的。

（1）椭圆脸型。椭圆脸可谓公认的理想脸型，化妆时宜注意保持其自然形状，突出其可爱之处，不必通过化妆去改变脸型。但正因为椭圆形脸是无需太多掩饰的，所以化妆时一定要找出脸部最动人、最美丽的部位，使之更为突出，以免给人平平淡淡、毫无特点的印象。

◇ **胭脂**：应涂在颊部颧骨的最高处，再向上向外揉化开去。

◇ **唇膏**：除嘴唇唇形有缺陷外，尽量按自然唇形涂抹。

◇ **眉毛**：可顺着眼睛的轮廓修成弧形，眉头应与内眼角齐，眉尾可稍长于外眼角。

（2）长脸型。长脸型的人在化妆时力求达到的效果应是：增加面部的宽度。

◇ **胭脂**：应注意离鼻子稍远些，在视觉上拉宽面部。涂抹时，可沿颧骨的最高处与太阳穴下方所构成的曲线部位，向外、向上抹开去。

◇ **粉底**：若双颊下陷或者额部窄小，应在双颊和额部涂以浅色调的粉底，造成光影，使之变得丰满一些。

◇ **眉毛**：修正时应令其成弧形，切不可有棱有角的。眉毛的位置不宜太高，眉尾切忌高翘。

（3）圆脸型。圆脸型给人可爱、玲珑之感，若要修饰为椭圆形并不十分困难。

◇ **胭脂**：可从颧骨起始涂抹至下颌部，注意不能简单地在颧骨突出部位涂成圆形。

◇ **粉底**：可用来在两颊造阴影，使圆脸消瘦一点。选用暗色调粉底，沿额头靠近发际处起向下窄窄地涂抹，至颧骨部下可加宽涂抹的面积，使脸部亮度自颧骨以下逐步集中于鼻子、嘴唇、下巴附近部位。

◇ **唇膏**：可在上嘴唇涂成浅浅的弓形，不能涂成圆形的小嘴状，以免有圆上加圆之感。

◇ 眉毛：可修成自然的弧形，可作少许弯曲，不可太平直或有棱角，也不可过于弯曲。

（4）方脸型。方脸型的人以双颊骨突出为特点，因而在化妆时，要设法加以掩蔽，增加柔和感。

◇ 胭脂：宜涂抹得与眼部平行，切忌涂在颧骨最突出处，可抹在颧骨稍下处并往外揉开。

◇ 粉底：可用暗色调在颧骨最宽处造成阴影，令其方正感减弱。下颚部宜用大面积的暗色调粉底造阴影，以改变面部轮廓。

◇ 唇膏：可涂丰满一些，强调柔和感。

◇ 眉毛：应修得稍宽一些，眉形可稍带弯曲，不宜有角。

（5）三角脸型。三角脸的特点是额部较窄而两腮较阔，整个脸部成上小下宽状。化妆时应将下部宽角"削"去，把脸型变为椭圆状。

◇ 胭脂：可由外眼角处起始，向下涂抹，令脸部上半部分拉宽一些。

◇ 粉底：可用较深色调的粉底在两腮部位涂抹、掩饰。

◇ 眉毛：宜保持自然状态，不可太平直或太弯曲。

（6）倒三角脸型。倒三角脸型的特点是额部较宽大而两腮较窄小，呈上阔下窄状。人们常说的"瓜子脸"、"心形脸"，即指这种脸型。化妆时，掌握的诀窍与三角脸相似，需要修饰部分则正好相反。

◇ 胭脂：应涂抹在颧骨最突出处，而后向上、向外揉开。

◇ 粉底：可用较深色调的粉底涂抹在过宽的额头两侧，而用较浅的粉底涂抹在两腮及下巴处，造成掩饰上部、突出下部的效果。

◇ 唇膏：宜用稍亮些的唇膏以加强柔和感，唇形宜稍宽厚些。

◇ 眉毛：应顺着眼部轮廓修成自然的眉形，眉尾不可上翘，描时从眉心到眉尾宜由深渐浅。

注 意

化妆禁忌：在公共场所内当众化妆，当他人的面化妆（若确实需要修饰，要到洗手间去进行）；不重维护，残妆示人；妆面离奇、风格怪诞；胡涂乱抹、技法错误。作为一名在校学生除参加礼仪活动外，一般不应化妆。

（三）局部修饰

1. 眼部

"眼睛是心灵的窗户。"注意眼睛清洁，及时清除眼角分泌物。当然，清洁时要避开他人，不能当人面用手绢、纸巾擦拭或用手去抠。此外，还要注意用眼卫生，预防眼病。

眉毛的形状是容貌的重要组成部分，适当修剪可以让整个面部显得平衡、清晰。

2. 鼻部

养成每天洗脸时清洁鼻部的好习惯。切忌当众清洁鼻孔，当着他人的面挖鼻孔或擤鼻涕，既易引人反感，又影响个人形象。另外，用手挖鼻孔的动作不雅观，也不卫生，有此坏习惯的人应注意纠正。毛发重的男性，如果鼻毛长出鼻孔，应及时修剪。

3. 嘴部

现代礼仪要求人们注意嘴部卫生，具体应做到以下几点：

- ◆ 保持干净：吃东西后，马上擦嘴，并及时清除牙缝中残存的食物。但不能当众剔牙、嘬牙。
- ◆ 口气清新：早晚刷牙，饭后漱口；口中不能有烟、酒、葱、蒜、韭菜、腐乳等气味；不得已的话，与人接触前可咀嚼口香糖或茶叶来清除口中异味；因牙病或其他疾病造成口中有异味的，应及时治疗。
- ◆ 避免"异响"：一般咳嗽、打嗝、打哈欠时应尽量避开他人，一旦忍不住，要用手绢或手捂住嘴，并向他人道歉；不要随地吐痰，否则显得文化素质很低。
- ◆ 修面剃须：男性要每天剃须，胡子浓密者，在会客或其他社交活动前应当再剃一次，但不要当着外人面使用剃须刀。
- ◆ 保护嘴唇：防止嘴唇干裂破皮，避免唇边残留分泌物。

4. 颈部

颈部与头部相连，属于面容的自然延伸部分，也是最容易显现年龄的部位，因此应重视修饰颈部。要从年轻时开始对颈部进行营养护理，防止皮肤老化，与面容产生较大反差；还要经常保持颈部的清洁卫生，避免只有脸上很干净，而脖子特别是脖后、耳后藏污纳垢。

（四）肢体和其他部位的修饰

在日常生活中，手臂和腿脚是动作最多的部位，因此我们一定要重视肢体的修饰，以免影响仪容。

（1）手臂的修饰：保持手臂、手、指甲的洁净，防止手臂出现伤病，及时剪除指甲周围的死皮；不蓄长指甲；不涂艳丽的指甲油；不在手臂上刺字、文身。

（2）腿脚的修饰：保持脚部卫生，勤洗脚，勤换袜子、鞋子，保证脚部无异味；

脚趾甲要勤于修剪，最好每周修剪一次；注意腿和脚部的遮掩，在正式场合要做到不光腿，不光脚，不露趾，不露跟。

（3）控制体味和体声：男士要保持体味和口味清新，不要有汗味、异味；女士的口味和体味宜自然芬芳；在社交场合要发出咳嗽、打喷嚏、打哈欠、清嗓、打嗝等异响时，应用手绢捂住口鼻，面向一侧，避免发出大声，并道声"对不起"。

第二节　着装礼仪

服饰具有自我表达功能，在人际交往过程中，它不仅仅是一种表象，还反映一个人的文化修养和审美情趣，以无声的语言显示一个人的身份、职业、性格、涵养及其心理状态等，也直接影响着他人对我们的评价。

一、服装的色彩搭配

服装给人的第一印象是色彩。服装色彩搭配得当，可使人显得端庄优雅、风姿绰约；搭配不当，则使人显得不伦不类、俗不可耐。因此，要巧妙地利用服装色彩的神奇魔力，得体地打扮自己，就要掌握服装配色的基本原理。

一般来说，服装色彩的搭配有以下三种方法。

（一）同种色相配

这是一种简而易行的配色方法，即把同一色相、明度相近的色彩搭配起来。例如，深红与浅红、深绿与浅绿、深灰与浅灰等。这样搭配的上下衣，可以产生一种和谐、自然的色彩美。

（二）邻近色相配

把色谱上相近的色彩搭配起来，易收到调和的效果，如红与黄、橙与黄、蓝与绿等色的配合。这样搭配时，两个颜色的明度与纯度最好错开。例如，用深一点的蓝和浅一点的绿相配或中橙和淡黄相配，都能显出调和中的变化，起到一定的对比作用。

（三）主色调相配

即以一种主色调为基础色，再配上一两种或几种次要色，使整个服饰的色彩主次分明、相得益彰。这是常用的配色方法。采用这种配色方法时，需要注意用色不要太繁杂、凌乱，尽量少用、巧用。女子常用的各种花型面料，色彩也不要过于堆砌，不要过多，以免显得太浮艳、俗气。

此外，不同色彩相配，还可以采用对比手法。在不同色相中，红与绿、黄与紫、蓝与橙、白与黑都是对比色。对比的色彩，既有互相对抗的一面，又有相互依存的一面，在吸引人或刺激人的视觉感官的同时，产生出强烈的审美效果。因此，鲜艳的色彩对比，也能给人和谐的感觉。

 礼仪知识窗

着装的 TOP 原则

TPO 是英文 time，place，occasion 三个词的首字母，分别代表时间、地点、场合的意思。TPO 原则是指人们在选择服装时要考虑是否与着装的时间、地点、场合协调一致、和谐般配等，具体如下。

时间原则：时间包括春、夏、秋、冬四个季节和早上、中午、晚上三个时间段，旅游从业人员选择的服装应符合时令。例如，夏天的服装要简洁、凉爽、轻柔；冬天的则应保暖、轻便等。

地点原则：地点即环境。地点原则是指人们要根据不同的地点、环境穿着合适得体的衣服。例如，旅游从业人员在家可以穿着舒适的服装；上班期间要穿统一的职业装；外出时要顾及当地的传统和风俗习惯。

场合原则：场合原则是指服装要与穿着场合的气氛相和谐。例如，在庄重的场合不能穿得太随意，在休闲的场合不必穿得太正式，在喜庆的场合不能穿得太古板，在悲伤的场合不能穿得太艳丽。

二、女士着装礼仪

在社交场合，女士的着装比较丰富，可根据具体情况选择合适的服装来修饰体态、表现修养。

（一）服装的选择

通常，在社交场合女士的服装主要有西装套裙、夹克衫、连衣裙三种类型。

1. 西装套裙

西装套裙具有大方、简洁、素雅的特点，能让女性显得成熟、稳重，塑造出端庄、干练的形象，通常适合于比较正式、严肃的社交场合（如工作场合等）。

一般来说，选择西装套裙时应注意以下几点。

（1）面料。具有匀称、平整、光洁、悬垂、挺括、不起皱、不起毛、不起球的特征的面料。需要注意的是，整套服装的面料必须一致。

（2）颜色。可根据自己的肤色选择套裙的颜色。通常，以黑色、藏青色、灰褐色、灰色、暗红色等颜色最佳。穿单色的套裙，能使身材显得瘦高一些。选择精致的方格、印花或带条纹的花色也可以，但不要选红色、黄色和淡紫色，这些颜色过于艳丽，不宜在办公场合穿着。

（3）尺寸。套裙必须合身，过大或过小、过肥或过瘦的服装都会损害个人形象。其中，半身裙的长度最长宜到达小腿中部，最短以坐下时裙子向上缩离膝盖不超过 10 cm 为宜。

女士穿套裙时，还应注意其与衬衫、鞋袜、皮包的搭配。

（1）衬衫。面料通常应以丝绸、涤棉、麻纱等为主；颜色应与套装、套裙的颜色相协调，白色、米色、粉红色等浅色系颜色均可；款式应当简洁，通常不应具有过多的花边、皱褶，以及夸张的图案。衬衫下摆必须掖入下装之内；除最上端的一粒纽扣以外，其他纽扣必须一一系好，不得随意解开；衬衫不宜直接外穿。

（2）鞋。面料宜为牛皮或羊皮制品；颜色宜为单色，一般应深于套装、套裙的颜色；款式宜为无带无袢的高跟或半高跟鞋，且鞋跟不宜太细；鞋面应上油擦亮，不留灰尘和污迹。

（3）袜子。面料宜为尼龙丝或羊毛制品；搭配裙装的袜子款式应为高统型和连裤型，而不能为中统型和低统型，以免袜口露出裙子下摆，显出"三截腿"；颜色宜为肤色。此外，穿丝袜时，若袜子出现破损或挑丝，则应立即更换，但切勿当众整理袜子。

最好随身携带一双备用丝袜，以防丝袜破损。

（4）皮包。面料最好为皮质；颜色应与自身肤色、服装、年龄及季节相搭配，咖啡色、黑色、驼色、米色等中性色通常为百搭色彩；款式应与自身身型相协调，一般而言，身材高大者宜用大提包，身材矮小或苗条者宜用中、小提包，身材丰满者忌用圆形包。

2. 夹克衫

夹克衫是指衣长较短，胸围较宽，袖口、腰身和下摆略微收紧样式的开衫上衣。夹克衫一般属于休闲装，其面料选取灵活、款式多样，可搭配裙子、牛仔裤等服装，常适用于不太正式的社交场合。女士穿夹克衫时，也应注意其与衬衫、裙子或裤子、鞋袜、皮包之间的搭配（具体可参考套装、套裙的搭配方法）。

3. 连衣裙

此处的连衣裙主要是指除礼服裙、职业套裙以外的其他连衣裙。连衣裙种类繁多、款式多样。例如，按照版型不同可分为直身裙、"A"字裙等，按照面料不同可分为雪纺裙、牛仔裙等。在不太正式的社交场合，女士可根据自身体型、肤色、年龄、性格及交际对象等选择合适的连衣裙，以凸显优美身段，体现良好教养及对他人的尊重。穿连衣裙时，应注意裙子与鞋袜、皮包之间的搭配。

（二）配饰的选用

恰当地使用服饰配件，可烘托服装，起到画龙点睛的作用。

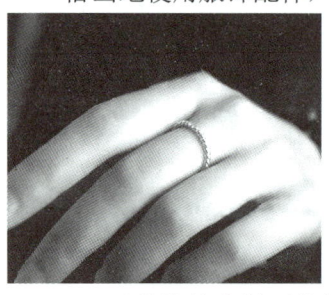

1．首饰

佩戴首饰，一般应遵循国际惯例，符合有关要求。在社交、休闲场合可百花齐放；但在工作场合则以少为佳。具体来说，佩戴首饰时，应注意以下几点。

（1）如果同时佩戴多个首饰，其质地一定要统一，否则会显得凌乱、俗气。

（2）首饰的式样要简单大方，不要戴晃来晃去或叮当作响的首饰。

（3）每只手最多戴一枚戒指，戴在哪根手指上应根据自己的婚姻状况而定。

（4）项链、耳环的选择也要适合自己，并注意与服装的款式和色彩搭配。

 礼仪知识窗

> **戒指佩戴的意义**
>
> 戒指的佩戴通常具有以下几点寓意：① 戴在食指上，表示无偶或寻求恋爱对象；② 戴在中指上，表示正在恋爱之中；③ 戴在无名指上，表示已订婚或结婚；④ 戴在小指上，表示独身。

2．头饰（发带）

头饰（发带）的款式应根据发型来选择，颜色要与服装的颜色相协调。头饰（发带）的颜色最好与所穿服装的主色调一致，至少要与服装色彩中的一种颜色相呼应，否则最好采用黑色。头饰本身的颜色不要超过两种，而且这两种色调也应协调。一件头饰最得体，多则使人眼花缭乱，反而不美了。

3．腰带

腰带具有装饰美化作用，是矫正体形、制造错觉的重要物件。通过系腰带部位的上下移动，可以调节人上下体的比例；腰带的色泽深浅、宽窄度的不同，能够制造错觉，调节人体腰身的粗细。腰带质地以纯皮的为好，颜色、款式应与服装搭配协调。

4．围巾

围巾不但有保暖作用，而且具有装饰美化功能。围巾的色彩、款式要与整体服装相协调，最好与服装中的某种颜色相同。另外，穿暗色的衣服宜选用色泽鲜艳的围巾；衣服色彩艳丽，围巾则应素雅一些。围巾的用法有多种，可包头、围颈、披肩和束腰；不同色彩和系法可以产生不同的视觉效果。如果要将围巾打结或系起来，最好选择丝绸面料的。

5. 眼镜

戴眼镜的人,应根据自己的脸型选择眼镜,如方脸型带上翘镜架、椭圆形或圆形镜框的眼镜,可使脸庞显出曲线的柔美;圆脸型戴长方形等几何形的眼镜,可使脸型显得修长等。在工作场合,应该配一副显得更加职业化的眼镜,不要戴有色的和半透明的眼镜。

三、男士着装礼仪

男士在服装上的选择虽然比女士的少,但这并不意味着男士对服饰的选择就可以不注意了。事实证明,恰当的着装同样可以反映一位男士的个性特点和独特品位,树立良好的社交形象。

(一)服装的选择

通常,男士在社交场合的服装主要有两件套西装和运动式夹克配长裤两种。

1. 两件套西装

西装是一种国际性服装,其造型优美、典雅,能使着装者显得风度翩翩、魅力十足。西装也是现代许多场合中男性穿用最多的一种服装。

俗话说:"西装七分在做,三分在穿。"穿西装时,符合穿着规范,才能显得潇洒、精神、有风度。一般来说,男士穿着

西装时应注意以下几点。

（1）讲究规格。男士在正式场合应着同质、同色的套装，且不能脱下外衣。其面料一般为纯羊毛或者含羊毛比例较高的混纺面料；颜色宜为深色调的单色，如藏蓝色、深灰色、黑色等。按国外习俗，西装里面不能穿毛背心或毛衣。在我国，至多也只能加一件V领羊毛衫，否则会显得臃肿，破坏西装的线条美。西裤的裤线任何时候都应熨烫得挺直。

（2）注意顺序。穿西装时的着装顺序是：梳头发—换衬衫—着西裤—穿皮鞋—系领带—穿上装。

（3）穿好衬衫。与西装搭配的衬衫应为硬领式的正装衬衫，其面料应以纯棉、纯毛为主；颜色以浅色为佳，如白色、蓝色、灰色等；花纹越淡越好，越少越好。衬衫衣领高于西服衣领 1.5 cm 左右；垂臂时，西服袖口长于衬衫袖口；抬臂时，衬衫袖口长于西服袖口 1.5 cm 左右，以显西服层次。衬衫下摆要掖进裤子，不能露在外面。

（4）系好领带。西装脖领间的"V"字区最为显眼，领带应处在这个部位的中心，领带的领结要饱满，与衬衫的领口吻合要紧凑，领带的长度以系好后下端正好在腰带上端为最标准。领带夹一般应夹在衬衫第三粒与第四粒之间，西装系好纽扣后，领带夹不能外露。选择领带时，色彩恰当很重要，要根据个人的肤色、脸型以及着装环境，尤其是衬衣和西装的颜色来选择。

领带打法

礼仪小贴士

领带的打法

平结：适用于大多数材质的领带，其特点是在领结的下方可形成凹凸状（俗称"男人的酒窝"）。

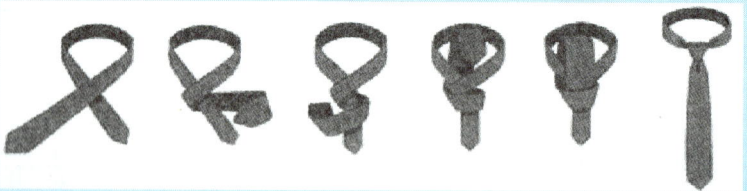

双环结：适用于质地细腻的领带，能够营造出时尚感，适合年轻男士，其特点是领结的第一圈会稍露出第二圈。

交叉结：适用于单色素雅且质地较薄的领带，能够展现出时髦感，其特点是领结上有一道分割线。

双交叉结：多适用于素色丝质的领带，能够使男士显出高雅、尊贵的气质，非常适用于正式场合。

温莎结：因温莎公爵而得名，是最正统的领带打法，适用于材质较薄的领带，其特点是领结成正三角形，且饱满有力，适合搭配宽领衬衫。

（5）用好衣袋。西装的口袋很多，但不能随便装东西。一般上装外面左胸口的衣袋是专门用于插装饰性手帕的，下面的两个口袋只作装饰用，一般不放物品，否则会使西服上衣变形。上装左侧内袋可装记事本、钱包，右侧可放名片、香烟等。西裤前面的裤兜也不可装物品，可用于插手（站立时可将手插在裤兜内，行走时却一定要把手拿出来）；右边后裤袋用于放手帕，左边用来存放平整的零钱或其他轻薄之物。穿西裤要保证臀位合适，裤型美观。

（6）系好纽扣。双排扣的西装要把纽扣全部系上，以示庄重；坐下时可将最下面的扣子解开。单排两粒扣的上装，只需扣上面一粒纽扣；三粒扣的，则扣中间一粒。

（7）穿好鞋袜。穿西装一定要穿皮鞋，且裤子要盖住皮鞋鞋面。皮鞋面料应为光面的真皮，一般以牛皮为首选；颜色应与皮带的颜色一致；款式应以系带、薄底的为佳，且其上应无任何装饰；鞋面应上油擦亮，不留灰尘与污迹。袜子的面料最好是纯棉、纯毛；颜色宜为深色、单色，且最好为黑色。此外，腰带要选择纯皮的，颜色以黑色、棕色或暗红色为宜，并与鞋的颜色相配；皮带扣要简洁。

2. 运动式夹克配长裤

在不太正式的场合，男士可以穿着比较轻便的运动式夹克配长裤。

（1）面料。夹克以纯毛、混纺、纯棉或混合丝面料为宜；长裤以纯毛华达呢、混纺或永久熨烫混纺面料为宜。

（2）颜色。通常可以选择藏青色、灰色和铁灰色等比较稳重的颜色。夹克与长裤的颜色可以相同，也可以形成对比，用深色的夹克搭配颜色较浅的长裤。例如，藏青色的夹克，搭配黄褐色或米色的长裤。

（二）配饰的选择

1. 首饰

男士除了戴结婚戒指之外，最好不佩戴其他首饰，而且最多每只手只戴一枚戒指。

2. 手表

手表既是实用性物品，又可作为装饰性用品。一般来说，男士在社交场合应选择正宗、高档的手表，以纯银、金质或不锈钢制的手表为宜。若表带为皮制的，则其颜色要与腰带、皮鞋的颜色一致。

3. 手提箱和钱包

手提箱应是皮质的，颜色宜为棕色、黑色或暗红色；钱包不要放在西装后边的裤袋里，否则会影响美观。

四、职业便装

"职业便装"也是职业服装的一种，同样能反映职业人的形象和职业素质，适用于会议、研讨会、公司组织的野餐、高尔夫球赛或办公室"非正式着装日"等场合。它和其他传统职业服装一样，也要求干净合体、熨烫平整、形象优美。

女性的职业便装包括：衬衫、裙子、套裙、长裤、夹克衫等。一般应穿平底鞋，不穿凉鞋，除参加体育活动外，也不要穿运动鞋。

男性的职业便装包括：长裤配衬衫、有领的棉T恤衫或毛衣，牛仔裤（不要穿破破烂烂的牛仔裤），可以穿平底便鞋和无带扣便鞋。

第三节 仪态礼仪

仪态是人们在交往活动中所表现出来的各种姿态，主要包括站姿、坐姿、蹲姿、走姿等。仪态在社交活动中有着特殊的作用。潇洒的风度、优雅的举止，常常令人赞叹不已，给人留下深刻的印象，受到人们的尊重。

一、站姿

古人云:"站如松"意思就是说站着时要像松树那样挺拔。站姿是人体动态美的基础。良好的站姿能够展现出个人的气质和风度,给人以挺拔笔直、精力充沛、积极进取、充满自信的感觉。

(一)基本站姿

基本站姿如图 1-2-2 所示,其要领为双臂自然下垂,手指自然弯曲,中指对准裤缝,双膝并拢,两腿绷直,两脚跟紧贴,两脚尖呈"V"字形,张开角度在 45°~60°之间。

图 1-2-2 基本站姿

(二)女士站姿

(1)丁字步站姿,如图 1-2-3(a)所示。其要领为双手虎口交叠于腹前,贴于肚脐处,手指伸直但不外翘,双腿并拢,膝盖紧贴,双脚站成小丁字步。这种站姿礼仪性较强,适用于较正式的迎送场合。

(2)扇形步站姿,如图 1-2-3(b)所示。其要领为双手交叉置于背后或握于腹前,双腿和脚跟并拢,脚尖分开约 60°,站成小八字步。这种站姿较为自由,可适用于不太正式的交谈场合。

(三)男士站姿

(1)前腹分腿式,如图 1-2-4(a)所示。其要领为双手交叉于腹前,左手握住右手腕,双脚分开(双脚外沿宽度以不超过两肩的宽度为宜),身体重心落于两脚之间,脚部疲惫时还可使身体重心在两脚间轮换。这种站姿略显自由,适合在工作中与服务对象交流时使用。

（2）背手分腿式，如图 1-2-4（a）所示。其要领为双手交叉于背后，左手握住右手手腕，自然贴于背部，双脚分开（双脚外沿宽度以不超过两肩的宽度为宜）。这种站姿略带威严，适用于较为正式、严肃的迎送场合。

（a）丁字步站姿　　　　　　（b）扇形步站姿

图 1-2-3　女士常见站姿

（a）前腹分腿式　　　　　　（b）背手分腿式

图 1-2-4　男士常见站姿

（四）站姿禁忌

站立时东倒西歪、无精打采，倚门靠墙、靠柱；低头、歪脖、含胸、端肩、驼背；将身体的重心明显地移到一侧，只用一条腿支撑着身体；在正式场合站立时，将手插于裤袋、交叉在胸前或双手叉腰，下意识地做小动作，如摆弄衣角等；男士站立时双脚距离过大，女士站立时臀部翘起。

学生可根据以下几种方法练习站姿。

（1）背靠背站立法。两人一组，背靠背站立，后脚跟、小腿、双肩、脑后枕部相互紧贴。

（2）九点靠墙练习法。两只脚后跟、两个小腿肚、两个臀尖、两个肩和后脑勺九点都贴着墙站立练习。

（3）顶书练习法。男同学按照标准站姿站好，头顶一本书保持平衡。女同学除了要头顶一本书，还要在膝盖部位夹一张纸进行练习。

二、坐姿

坐姿是人际交往中使用最多的、也是最重要的人体姿势，它包容的信息非常丰富，同样也有美与丑、优雅与粗俗之分。正确的坐姿，能给人安详端庄的印象；不正确的坐姿，会显得懒散无礼。

坐姿礼仪

（一）坐姿要求

（1）入座时要稳。首先走到座位前面，然后转身并轻稳地坐下，切忌沉重地落座。如果女士穿的是裙装，坐下前，还要用双手从臀部上往下将裙子轻拢一下，以保持裙边平整、不起皱，并且防止走光。

（2）在座时，要遵守以下要领：

◇ **上身挺直**：头部端正，双目平视，嘴唇微闭，双肩放平，腰部挺直。

◇ **四肢摆好**：两臂自然弯曲，双手放在腿上，双膝并拢，双腿正放或侧放。

◇ **椅面不满**：在座时，宜坐满椅子的 1/2～2/3，而不宜坐满椅面。

◇ **侧坐交谈**：与邻座交谈时，可以侧坐，此时上体与腿应同时转向一侧。

（3）离座时，先将右脚后退半步，找到支撑点后起立，起立时应保持上身平稳端正，切勿向前哈腰或向左右摇摆。

（二）女士坐姿

（1）正位式坐姿，如图 1-2-5（a）所示。其要领为上身与大腿、大腿与小腿、小腿与地面均成直角，双腿并拢，双膝紧贴，双手虎口相交放于左腿上。

（2）侧点式坐姿，如图 1-2-5（b）所示。其要领为上身坐直，双腿并拢，两小腿同时向左（右）平移，与地面约成 45°，双手虎口相交放于左（右）腿上。

（3）交叉式坐姿，如图 1-2-5（c）所示。其要领为上身端正，双腿并拢，双脚在踝关节处交叉后略向右（左）侧斜放，一脚着地，另一脚点地，双手虎口相交放于右

（左）腿上。采用这种坐姿时，也可将双脚交叉略向后屈。

（4）重叠式坐姿，如图 1-2-5（d）所示。其要领为上身端正，两小腿平移至身体左侧，与地面约呈 45°，右腿重叠于左腿之上，右脚挂于左脚踝关节处，脚尖向下，左脚掌着地。也可以交换两腿的上下位置，将右腿重叠于左腿之上，将两小腿移至身体右侧。

（a）正位式坐姿　　（b）侧点式坐姿　　（c）交叉式坐姿　　（d）重叠式坐姿

图 1-2-5　女士坐姿

（三）男士坐姿

（1）正位式坐姿，如图 1-2-6（a）所示。其要领为上身与大腿、大腿与小腿、小腿与地面均成直角，双膝、双脚自然分开（不超过肩宽），双手分别放在两腿上。

（2）重叠式坐姿，如图 1-2-6（b）所示。其要领为左小腿垂直于地面，右腿窝叠在左膝上部，右小腿尽量向里收，双手叠放在大腿上。

（a）正位式坐姿　　（b）重叠式坐姿

图 1-2-6　男士常见坐姿

（四）坐姿禁忌

两腿既不能过于前伸，也不能过于后展，更不能腿脚摇晃；两腿交叠而坐时，悬空的脚尖不能朝上，更不能上下抖动或摆动；切忌把腿架在椅子或沙发扶手上、茶几上。

 活学活练

> 由老师带领同学们练习入座、在座、离座的动作，以及男士、女士的各种坐姿；然后以小组为单位进行训练。最后，请同学们分组讨论并示范男士和女士的正确坐姿，以及需要避免的坐姿，互相观察，并纠正姿势。

三、蹲姿

蹲是由站立的姿势转变为两腿弯曲和身体高度下降的姿势。蹲姿其实只是人们在比较特殊的情况下所采用的一种暂时性的体态。正确的蹲姿主要有高低式蹲姿和交叉式蹲姿两种。

（一）高低式蹲姿

其基本要求是：下蹲时一脚在前，一脚在后，两腿向下蹲；前脚全着地，小腿基本垂直于地面，后脚脚跟提起，脚尖着地；臀部向下，基本上以后腿支撑身体。女性应靠紧双腿，男性则可适度将腿分开，如图1-2-7所示。

图1-2-7　高低式蹲姿

（二）交叉式蹲姿

交叉式蹲姿通常适用于女性，尤其是穿短裙的女性，特点是造型优美典雅，如

图 1-2-8 所示。其基本要求是：下蹲时，右脚在前，左脚在后，右小腿垂直于地面，全脚着地，右腿在上，左腿在下，二者交叉重叠；左膝由后下方伸向右侧，左脚跟抬起，并且脚掌着地；两脚前后靠近，合力支撑身体；上身略向前倾，臀部朝下。

蹲姿礼仪

图 1-2-8　交叉式蹲姿

学生可由老师带领练习高低式蹲姿和交叉式蹲姿，然后分组练习，同学们之间互相纠正姿势。

正确的拾物姿态

走到物品左边，让物品位于身体的右侧，腿取半蹲姿态。下蹲时，左脚在前，右脚在后，两腿膝盖以上靠紧或右腿压住左腿，慢慢地屈膝并且不要用力下蹲，不弓背，右手拾起物品。

下蹲取物时，女性如果穿着低领上装时，要用一只手护住胸口。拾物时不要东张西望，否则让人猜疑；不要弯腰屈背，显露琐碎相，影响形体美观；不要采用全蹲姿态，这会使腿显得粗短；不要用不雅观的翘臀姿态，尤其女性着短裙时。

近距离面对他人下蹲，会使他人感到别扭；近距离背对他人下蹲，显得对别人不够尊重；双腿平行叉开下蹲，显得很不文雅，在公共场所更不该采用这样的蹲姿。

四、走姿

走姿是最能体现一个人精神面貌的姿态。从一个人的走姿，就可以了解他是欢乐还是悲痛，热情而富有进取精神还是失意而懒散。

走姿礼仪

（一）走姿要求

步态自然轻盈，目视前方，身体挺直，双肩自然下垂，两臂摆动协调，膝关节与脚尖正对前进方向。

（二）注意事项

走路姿态应该是优雅、自然而简洁的，同时要保持身体挺直，不要摇晃。男性走路要显示出阳刚之美；女性则要款款轻盈，显出阴柔之美。男士的步位路线应为两条平行线，女士的步位路线应尽可能为一条直线。步行时双脚中心间的距离应适中，男士的步幅一般约为 40 cm，女士的步幅一般约为 30 cm。

此外，走路时还应注意以下问题：

（1）纠正内、外八字步，即脚尖向内撇，或向外撇。

（2）多人一起不要并排行走或搂肩搭背。

（3）忌奔跑，即使有急事也只能快步行走。

（4）在狭窄的通道上，遇尊者、长者、女士，应主动站立一旁，用手示意，让其先走。

（5）上下楼梯时，不能弯腰弓背，手撑大腿，或一步踏两三级楼梯，遇尊者、长者，应主动将扶手一边让给他们。

活学活练

学生可按照以下方法练习走姿。

（1）女士沿着画的直线或地面砖的直线缝隙进行直线行走练习，男士则沿着两条平行线进行直线行走练习。

（2）顶书练习，要求练习者以立正姿势站好，出左脚时，脚跟先着地，迅速过渡到脚尖，脚尖稍向外，右脚动作同左脚，保持正确的步幅和节奏，注意抬头挺胸、收腹以及手臂自然摆动。

五、表情

(一) 目光

目光,也称为眼神,是面部表情的核心,它能够自然、明显、准确地表现人的心理活动。

1. 目光的作用

(1) 传递真实信息。目光是一种真实、含蓄的语言。人们的喜怒哀乐、爱憎好恶等思想情绪,都能从眼睛中表现出来。

(2) 展示交际形象。在与人交往中,不同的目光会给人留下不同的印象。目光亲切、友善,给人以平易近人的印象;目光炯炯,给人以精力旺盛的印象;目光坦然,给人以值得信任的印象;目光如炬,给人以富有远见的印象。反之,目光迟钝,给人以衰老、虚弱的印象;目光闪烁,给人以神秘、心虚的印象等。

(3) 表达相互尊重。在人际交往中,用自信、坦率的目光正视交际对象,将视线停留在对方双肩和头顶所构成的一个正方形的区域内,能够表达出诚恳与尊重。

2. 运用目光的礼仪

(1) 注视部位恰当。在社会交往中,在不同场合或针对不同对象时,目光注视的部位是有所差别的,一般分为以下三种。

◇ **公事注视**:是人们在洽谈业务、磋商交易、交办任务和商务谈判时所使用的一种注视,位置在对方双眼或双眼与额头之间的区域。

◇ **社交注视**:是人们在社交场合所使用的一种注视,位置在对方唇心到双眼之间的三角区域。

◇ **亲密注视**:是亲人或恋人之间使用的一种注视,位置在对方双眼到胸之间的区域内。

(2) 注视角度正确。注视的角度不同,目光的含义也不同。

◇ **俯视**:一般表示爱护、宽容或傲慢、轻视。

◇ **正视**:一般多为平等、公正或自信、坦率。

◇ **仰视**:一般表示尊敬、崇拜、期待。

◇ **斜视**:表示怀疑、疑问、轻蔑。

在与人交谈的过程中,目光应以温和、大方、亲切为宜,多用平视或仰视的目光,双目注视对方的眼鼻之间,表示重视对方或对其发言颇感兴趣,同时也体现出自己的坦诚。

(3) 注视时间适宜。一般情况下,目光注视对方的时间宜占与之相处时间的30%~60%,以表示友好和重视;注视时间不到全部相处时间的30%,就意味着轻视;而注视时间超过全部相处时间的60%,则意味着有敌意或者有寻衅滋事的嫌疑,是非常失礼的行为。

（二）笑容

笑容是人际交往中的一种润滑剂，可以有效地增添自信、美化形象、传递友好、消除隔阂，缩短与交际对象之间的心理距离，为进一步的沟通与交往创造良好氛围。

1. 笑容的种类

在社交活动中，合乎礼仪的笑容主要包括含笑、微笑和轻笑。

- ◇ **含笑**：即不出声、不露齿，只是面带笑意，表示友善或接受对方，适用范围较广。
- ◇ **微笑**：即嘴角微微上扬，唇部略呈弧形，齿不外露，面带笑意，表示自信或友好，适用范围最广。
- ◇ **轻笑**：即嘴巴微微张开，嘴角上扬，上齿显露，喜形于色，但不发出笑声，表示欣喜、快乐，常适用于会见客人或向熟人打招呼。

2. 笑容的要求

合乎礼仪的笑容必须符合以下要求：

- ◇ **表现和谐**：笑的时候，眉毛、眼神、嘴巴、牙齿和面部肌肉应协调进行，表现出亲切、大方的和谐美。
- ◇ **声情并茂**：笑的时候，应注意将笑容与美好的举止、谈吐相结合，使其相得益彰。
- ◇ **发自内心**：笑的时候，必须真诚自然、表里如一，切忌强颜欢笑、假意奉承、放肆大笑，或者假笑、冷笑、怪笑、傻笑、媚笑、窃笑、怯笑、狞笑。

礼仪故事屋

在苏州某宾馆，一位客人外出后，他的一位朋友来访，要求进他的房间去等候。由于客人事先没有留言交代，总台服务员没有答应。客人回来后见朋友还坐在大堂沙发上等候，十分不悦，与服务员争执起来。

大堂副理小李闻讯赶来，刚开口解释，客人就把她作为泄怒的新目标，指着她呵斥起来。小李明白在这种情况下，做任何解释都是毫无意义的，反而会导致客人情绪更加冲动。于是就采取冷处理的办法让他尽情发泄，自己则默默地看着他"洗耳恭听"，脸上始终保持着一种亲切友好的微笑。

一直等到客人把话说完，平静下来后，小李才心平气和地告诉他酒店的有关规定，并对刚才发生的事情表示歉意。客人接受了她的劝说，并诚恳地表示："你的微笑征服了我，而我刚才情绪那么冲动，很不应该，希望下次来饭店时能有幸再次见到你亲切的微笑。"

六、手势

手势在日常交际中运用得也比较多,它属于无声语言,可以起到强化或替代有声语言的作用。使用手势要注意以下几点:

(1)手势要规范、美观。同一地域的人手势往往表示约定俗成的含义。另外,做出来的动作应热情、落落大方,与全身姿态相协调,同时动作幅度不要太大,给人一种优雅、含蓄、彬彬有礼的感觉。

(2)注意手势含义的地域性差异。各国手势含义的差异是很大的。同一种手势,可能有不同甚至相反的含义。

(3)手势要适度。在交际中,一般情况下能用有声语言讲清楚的,应尽量少用手势。说话时比比划划、手舞足蹈是令人生厌的。

  礼仪知识窗

> **手势在各国的不同含义**
>
> **向上伸大拇指:** 在中国表示佩服、好、首领等;在日本表示男人、父亲;在说英语的国家多表示"OK"之意或打车之意;在希腊、俄罗斯或非洲西部则有"滚开"的意思。
>
> **向下伸大拇指:** 在中国表示鄙视、不好等;在英国和美国表示不同意;在法国表示死了;在印尼、缅甸等地区表示失败。
>
> **向上伸食指:** 在中国表示数字"一"或请注意;在日本表示最优秀;在美国表示请稍等;在法国表示请求发言。
>
> **弯曲食指:** 在中国表示数字"九";在日本表示小偷;在泰国、朝鲜表示钥匙;在印度表示心肠坏;在墨西哥表示金钱。
>
> **伸出中指:** 在很多国家均表示下流、鄙视、愤怒、恶劣等,是极度不雅的一种手势。
>
> **伸出小指:** 在中国表示渺小、看不起;在日本表示女人、小孩儿;在韩国表示女朋友;在缅甸、印度一带表示厕所。
>
> **"OK"手势:** 即大拇指与食指合成一个圆圈,其余三指自然伸张。在中国表示同意,或表示数字"零""三";在日本、韩国、缅甸表示金钱;在美国表示同意、顺利、成功;在法国和比利时表示一文不值、废物;在印尼表示傻瓜、无用、不成功;在巴西有"引诱女人"或"侮辱男人"之意。

递接物品礼仪

(一)递接物品

一般而言,递接物品时,应起身站立,用双手递送或接取物品,同时,上身略向前倾。若不方便双手并用,则可用右手递接,切忌单用左手进行；若递接双方距离过远，则应主动走近对方，双手递接。需要注意的是，递送带尖、带刃或其他易伤人的物品时，应将尖、刃指向自己，而"授人以柄"。

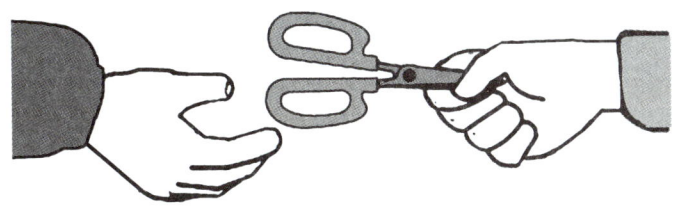

（二）引领他人

在社交场合，为他人指示方向、请他人进门、请他人坐下等情况，都需要用到引领手势。引领手势的要点为：掌心向上，四指并拢，拇指张开，上体稍前倾，面带微笑，在注视目标方向的同时兼顾对方是否会意，以肘关节为轴指示方向。各种常用引领手势如图 1-2-9 所示。

请坐　　　请往前走　　　请进　　　里边请　　　大家请

图 1-2-9　常用指引手势

（三）举手致意

在社交场合，有时需要举手向他人表示问候、致敬、感谢之意。如在相距较远又不能高声应答的情况下，悄然无声地举手示意可以将自己对他人的友好和礼貌之情传达出去。

举手致意时手臂不能乱摆动，正确的做法是：全身直立，面向对方，至少上身与头部要朝向对方；目视对方，面带笑容；右手手臂由下而上，向侧上方伸至肩以上；掌心朝向对方，指尖朝上，轻轻摆动几下手掌。

在举手致意时，还要遵循一定的礼仪次序，即幼者、下级、男士先向长者、上级、女士致意，对方再以同样的方式回敬。

第三章　日常交往礼仪

第一节　称呼礼仪

称呼是人们在日常交往中所采用的彼此之间的称谓。称呼不但直接反映了一个人的教养与心态，而且反映出对他人的尊重程度。称呼是人际交往的开场白，一声亲切而得体的称呼可以缩短人们感情上的距离，拉近人们之间的关系。

一、称呼的方式

（一）泛尊称

泛尊称是指对社会各界人士都可以使用的表示尊重的称呼，几乎适合于所有社交场合，对男子一般称"先生"，对女子称"夫人""小姐""女士"。

泛尊称可以同姓名、姓氏或行业性称呼组合在一起，并在正式场合使用，如"张欢女士""李先生""秘书小姐"等。

注　意

> 由于社会上把一些从事不良行业的女子称为"小姐"，使得"小姐"这一称谓的含义有所变化，年轻女性一般不喜欢这一称谓。因此，称呼年轻女性时应慎用该称谓。

（二）职业称呼

对不同行业的人士，可以对方的职业作为称呼，如"律师""老师""医生"等，也可在前面加上姓氏或者姓名，如"赵律师""王芳老师"等。以职业来称呼对方，有尊重对方劳动和职业之意。

（三）职衔称呼

对于拥有社会上受尊重的学位、学术性职称、军衔和爵位的人，可以职衔来称呼对方，以示尊敬，如"博士""将军""公爵"等，也可在前面加上对方的姓氏或姓名，如"邓博士""孟将军"。

（四）职务称呼

职务称呼即以对方所担任的职务相称，如"经理""校长""医生"等。如果在职务称呼前冠以姓氏，往往可以显示对对方地位的熟知和肯定，如"徐经理""潘教授"等。

（五）姓名称呼

在一般场合，彼此比较熟悉的人之间，可以直接称呼他人的姓名或姓氏。中国人为表示亲切，还习惯在被称呼者的姓前面加上"老"、"大"或"小"等字，而免称其名，如"老蔡""大林""小周"等。更加亲密者，往往不称其姓，而直呼其名，如"欣怡""浩东"等。

（六）其他特殊称呼

对于君主制国家的王室成员应该用专门的称呼。例如，在君主国家，应称国王或王后为"陛下"；称王子、公主、亲王等为"殿下"；对有爵位的人应称爵位或"阁下"。对一些教会的神职人员应根据其身份称其为"主教""神父""牧师"等。

除以上常用的称呼外，在交往中，还有以"你""您"相称的"代词称"和亲属之间的"亲属称呼"。

二、称呼时要注意的问题

要做到称呼准确、恰当，还须注意以下几点：

（1）正确称呼他人。例如，不要读错对方的姓名；不要将未婚女士称为"夫人"等。

（2）注意称呼顺序。在多人场合称呼时应遵循先长后幼，先女后男，先上后下，先疏后亲的原则。

（3）照顾习惯。称呼他人时必须对交往对象的语言习惯、文化层次、地方风俗等因素加以考虑。例如，称呼农民伯伯为"先生"会让他们感到很别扭。

（4）注意地域和国家的差异，避免造成误会。例如，山东人喜欢称呼别人"伙计"，而南方人听来"伙计"是"打工仔"的意思；中国人常把自己的配偶称为"爱人"，而在外国人的意识里，"爱人"是"第三者"的意思。

（5）禁止使用不尊重他人的称呼。例如，称呼年老的男性为"老头"，称呼军人为"当兵的"等；禁止在公众场合叫别人的外号，如"四眼""瘦猴"等。

礼仪互动吧

王平平大学毕业后进入某酒店前厅部工作，部门负责人带她熟悉环境，并介绍部门的同事给她认识。部门负责人将王平平带到一位同事面前，并告诉她以后就跟着这位同事学习,有什么不懂的地方就请教她。王平平恭敬地称这位同事为老师。这位同事连忙摇头说:"大家都是同事,别那么客气,直接叫名字就可以了。"可王平平仔细想了想,觉得叫老师显得太过于生疏,但是直接叫名字又觉得不尊敬,不知道该怎么称呼对方比较合理。

问题:请给王平平出主意,该如何称呼这位同事?

第二节 介绍礼仪

介绍是指通过自己主动沟通或通过第三人从中沟通,从而使交往双方相互认识、建立联系的一种社交方式。

一、自我介绍

自我介绍是指与他人初次见面时,将自己介绍给他人,使其认识自己。自我介绍是结识新朋友、扩大交际圈的有效方法,合乎礼仪的自我介绍能够有效地展示个人修养和魅力,给他人留下美好印象。

介绍礼仪

(一)自我介绍的方式和内容

在不同场合下或针对不同的交往对象,通常应采取不同方式的自我介绍。一般而言,自我介绍的方式主要有以下几种:

(1)工作式的自我介绍,主要适用于工作场合,其内容包括本人姓名、供职单位、部门以及担负的职务或从事的具体工作等。在服务工作中,工作式的自我介绍应用较多。例如,"您好,我叫王××,是××酒店的大堂副理,很高兴为您服务。"

(2)礼仪式的自我介绍,一般适用于讲座、报告、演出、庆典、仪式等一些正规而隆重的场合,其内容主要包括姓名、单位、职务等。此外,还包括一些谦辞、敬语,以示自己礼待交往对象。

(3)问答式的自我介绍,一般适用于应试、应聘和公务交往,所介绍的内容一般是问什么答什么,有问必答。

(4)应酬式的自我介绍,适用于某些公共场合和一般性的社交场合,如旅行途中、宴会厅里。应酬式的自我介绍内容最为简洁,往往只包括姓名一项即可。

(5)交流式的自我介绍,主要适用于社交活动,它是一种刻意寻求与交往对象进一步交流与沟通,希望对方认识自己、了解自己、与自己建立联系的自我介绍。其内容大体应当包括介绍人的姓名、工作、籍贯、学历、兴趣以及与交往对象的某些熟人的关系等。

（二）自我介绍的注意事项

社交者在进行自我介绍时，应注意以下事项。

（1）注意顺序。多人相互自我介绍时，通常应按照以下顺序进行：

◇ 主人与客人相互介绍时，主人应先作自我介绍。
◇ 男士与女士相互介绍时，男士应先作自我介绍。
◇ 长辈与晚辈相互介绍时，晚辈应先作自我介绍。
◇ 职位高者与职位低者相互介绍时，职位低者应先作自我介绍。

（2）讲究态度。进行自我介绍时，一般应保持站立姿势，面带微笑，目光坦然，语气平和，举止庄重、大方，表现出亲切、自然、友善的态度。

（3）把握时间。把握时间包括选择合适的时间点和控制恰当的时长。首先，自我介绍应在对方有空闲、情绪较好、有兴趣认识自己时等合适的时间点进行，切勿在对方休息、用餐、忙于处理事务、心情不好时等时间点进行，否则可能会引起对方的反感，不利于进一步沟通。其次，自我介绍的时间一般应控制在一分钟之内，否则会显得啰嗦，易使对方厌烦。

二、介绍他人

介绍他人是指作为第三方为彼此不相识的双方引见，使他们相互认识、建立联系。其中，被介绍的双方为被介绍人，介绍双方的人为介绍人。

（一）介绍他人的顺序

介绍他人必须遵守"尊者居后"的原则，即让受尊重程度较高者拥有优先知情权。

在较正式的社交场合中，介绍他人的顺序大致有如下几种：① 先将男士介绍给女士；② 先将晚辈介绍给长辈；③ 先将主人介绍给客人；④ 先将学生介绍给老师；⑤ 先将家人介绍给同事、朋友；⑥ 先将未婚者介绍给已婚者；⑦ 先将职位低者介绍给职位高者；⑧ 先将晚到者介绍给早到者。

（二）介绍他人的方式和内容

介绍他人时，应根据不同场合或不同需要，采用不同的方式进行。通常，介绍他人的方式有以下几种：

（1）简介式介绍，适用于一般社交场合，内容只有双方姓名一项，有时只提到双方姓氏。例如，"我来介绍一下，这位是张教授，这位是刘教授。"

（2）标准式介绍，适用于正式场合，内容以双方的姓名、单位、职务等为主。例如，"我来为两位引见一下。这位是环渡国际旅游公司销售部经理李××小姐，这位是天乐云文化传播有限公司总经理林××先生。"

（3）强调式介绍，除了介绍被介绍人的姓名外，往往还会刻意强调一下其中一位被介绍人与介绍人之间的特殊关系，以便引起对方的重视。例如，"这位是我的女儿刘××，请杨总多多关照。"

（4）推荐式介绍，适用于比较正规的场合，介绍人是经过精心准备而来的，目的是将某人举荐给他人，介绍时通常会对前者的优点加以重点介绍。例如，"李总，这位是王××先生，他是一位出色的企业管理人才，对企业管理很有研究。你们可以聊聊。"

（三）介绍他人时的注意事项

介绍人在介绍他人时除了应注意时机、顺序、方式和内容外，还应注意以下事项：

（1）了解情况和意愿。在介绍他人之前，介绍人应先了解一下被介绍人双方的情况，以免张冠李戴。同时，应先征求一下双方的意愿，以免为本来相识或不愿相识的双方去作介绍，致使三方尴尬。

（2）注意态度和姿势。介绍他人时，介绍人应态度友好、仪态文雅。一般而言，介绍人应站在被介绍者的中间，上身略微前倾，掌心向上，五指并拢、伸直，前臂绷直并略向外伸，指向被介绍者的其中一方，同时，面带微笑地注视另一方。切忌用手拍打被介绍人的肩、胳膊、腰等部位。

（3）把握语言和时间。介绍他人应当言辞准确，完整地表述被介绍人的姓名和头衔，不可含糊其辞。同时，介绍的语言应简洁，以便双方相互记住对方的姓名及基本信息。此外，介绍语言应避免厚此薄彼，否则，有失礼仪。介绍的时间不宜过长，通常应控制在两分钟之内。

（4）注意引导。介绍他人结束后，介绍人应稍停片刻，引导双方被介绍人进行交谈后再离开。

 活学活练

请同学们分成几组，分设情境，根据所学介绍他人的知识进行介绍他人的练习。

第三节　会面礼仪

一、握手礼

握手是社交场合中最常见的一种礼节,它可以传达欢迎、惜别、祝贺、鼓励、感谢、慰问、信任等情感,能促进交往双方之间的沟通与交流。握手时,应注意以下几点。

(1)注意方式。在行握手礼时,双方均应起立,并迎向对方。在伸手与他人相握时,应手掌垂直于地面,以右手与对方右手相握。握手的时间以 3~5 秒为宜,力度不宜过大,但也不宜毫无力度。握手时,应目视对方并面带微笑,如图 1-3-1 所示。

(2)注意顺序。传统做法是上级在先、主人在先、长者在先、女性在先;当一人与多人同时握手时,可"由尊到卑"或"由近而远",依次而行。宾主握手时的顺序为:客人抵达时,应由主人先伸手,以示欢迎;客人告辞时,应由客人先伸手,以示请主人就此留步。

(3)注意禁忌。不宜用左手与他人相握;不宜用双手与异性相握;不宜与多人交叉握手;不宜戴着墨镜与人握手;不宜戴着手套与人握手。

握手礼仪

图 1-3-1　握手礼

二、鞠躬礼

鞠躬礼是人们在生活中对别人表示恭敬的一种礼节,既适用于庄严肃穆、喜庆欢乐的仪式,也适用于一般的社交场合。在一般的社交场合,晚辈对长辈、学生对老师、下级对上级、表演者对观众等都可行鞠躬礼。

行鞠躬礼的准则:受鞠躬礼应还以鞠躬礼;地位较低的人要先鞠躬;地位较低的人鞠躬要相对深一些。

在人际交往中,常用的鞠躬礼主要有以下三种。

（1）15度鞠躬礼。头颈背成一条直线，双手自然放在裤缝两边（女士双手交叉放在体前），前倾15度，目光约落于体前1.5 m处，再慢慢抬起，注视对方，如图1-3-2（a）所示。

（2）30度鞠躬礼。头颈背成一条直线，双手自然放在裤缝两边（女士双手交叉放在体前），前倾30度，目光约落于体前1 m处，再慢慢抬起，注视对方，如图1-3-2（b）所示。

（3）45度鞠躬礼。头颈背成一条直线，双手自然放在裤缝两边（女士双手交叉放在体前），前倾45度，目光约落于体前0.5 m处，再慢慢抬起，注视对方，如图1-3-2（c）所示。

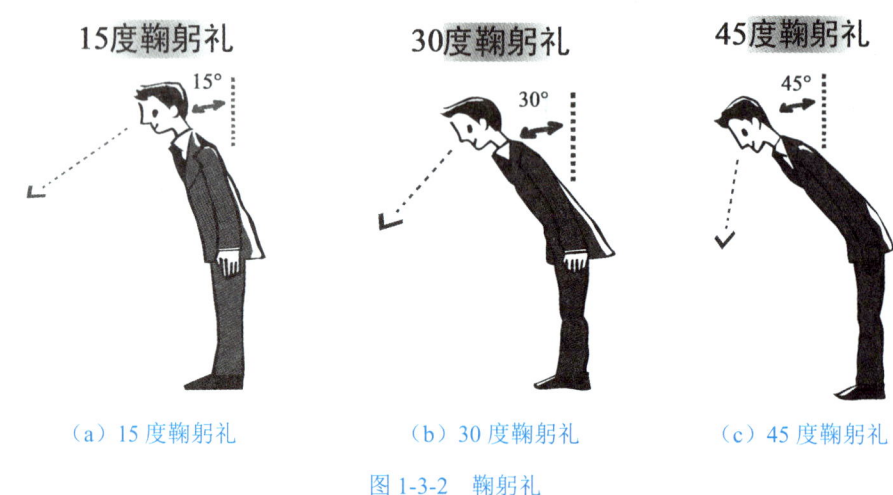

(a) 15度鞠躬礼　　　　　(b) 30度鞠躬礼　　　　　(c) 45度鞠躬礼

图1-3-2　鞠躬礼

行鞠躬礼一般在距对方2～3 m的地方。在与对方目光交流的时候行礼，且行鞠躬礼时必须真诚地微笑，没有微笑的鞠躬礼是失礼的。

三、拥抱礼

在西方，特别是在欧美国家，拥抱礼是十分常见的见面礼与道别礼。在人们表示慰问、祝贺、欣喜时，拥抱礼也十分常用。但在中国，人们对此不甚习惯。

拥抱礼的做法：两人走近之后，先各自抬起右臂，把右手搭在对方左肩之后，随后左右侧拥抱，最后再向对方的左侧拥抱；拥抱次数为3次。在普通场合行礼，不必如此讲究，次数要求也不必如此严格。

在庆典、仪式、迎送等较为隆重的场合，拥抱礼最为多见，在政务活动中尤为如此。在私人性质的社交、休闲场合，拥抱礼则可用可不用。

在使用拥抱礼时应注意，在欧洲、美洲、澳洲诸国，男女老幼之间均可采用拥抱礼。而在亚洲、非洲的绝大多数国家里，尤其是在阿拉伯国家，拥抱礼仅适用于同性之人，与异性在大庭广众之前进行拥抱，是绝对禁止的。

 注 意

永远不要在拥抱时把手放置于对方腰部以下。

四、吻手礼

吻手礼即男士亲吻女士的手背或手指，接受者只限于已婚的女性。

具体做法为：男士以右手或双手轻轻抬起女士的右手，俯身弯腰用微闭的双唇，象征性去轻触一下女士的手背或手指。

 注 意

女士首先有意轻轻伸起手才能行吻手礼，不要自己拉起女士的手行吻手礼。

五、合十礼

合十礼源自印度，亦称合掌礼，是以双手手掌十指相合的形式来向其交往对象致意的礼节。流行于泰国、缅甸、老挝、柬埔寨、尼泊尔等佛教国家。

合十礼主要有以下几种类型。

（1）跪合十，各国佛教徒拜佛祖或高僧时所行的礼节。行礼时，右腿跪地，双手合掌于两眉中间，头部微俯，以示恭敬虔诚。

（2）蹲合十，某些国家的人在拜见父母或师长时的一种礼节。行礼时，必须蹲下，并将合十的掌尖举至两眉间，以表尊敬。

（3）站合十，一些国家的平民之间、平级官员之间相拜，或公务人员拜见长官时常用的一种礼节。行礼时，要站立端正，将合十的掌尖置于胸部或口部，以示敬意。

六、抚胸礼

在一些亚洲国家及欧美国家里，人们在与别人相逢之时，往往会抚胸为礼。在一些较为隆重的场合，例如升国旗、奏国歌时，也时有所见。所谓抚胸礼，又称按胸礼，它一般是指以手部抚按于胸前的方式来向他人致意。

抚胸礼的一般做法：上身稍许躬身，眼睛注视交往对象或目视正前方，头部端正

或微微抬起,以右手手掌掌心向内、指尖朝向左上方,然后将其抚在本人的左胸之前。必须切记,行此礼时,不仅应当态度认真而庄重,而且绝对不允许以左手行礼,抚按右胸。

抚胸礼通常也会与一些其他的见面礼同时使用,其中最为常见的就是抚胸礼与鞠躬礼同时使用。而在有些国家里,人们则往往习惯于先行抚胸礼,然后再与交往对象握手。

七、贴面礼

贴面礼是欧洲的传统礼仪,最常见于法国。简单来说,贴面礼就是双方互相用脸颊碰一下,嘴里同时发出"啵啵"的声音,声音越大表示越热情。贴面顺序通常从右脸颊开始,左右各碰一下。注意,有的地区是先从左脸颊开始,这时候就要小心看清楚别人的方向,否则就会酿成一场小小的"事故"。

很多时候的贴面礼,是没有任何身体接触的,一般就是双方用脸颊接触。如果双方用嘴亲到脸颊上,则说明双方的关系异常亲密。

贴面的次数根据地区不同,讲究也不一样,一般来说是越往南越多。巴黎一般两下,昂热一般是两下或4下。如果继续南下,一直走到地中海之滨的尼斯、戛纳和马赛,则可能多达5下。

第四节 名片礼仪

名片是一种记录了个人主要信息的精美卡片,它能够表明个人身份、体现个人风格。在社交活动中,恰当地使用名片能够有效地显示自己的涵养与风度,促进人际交往与沟通。

名片礼仪

一、名片的用途

在社交活动中,名片主要具有以下几个方面的用途。

- ◇ **自我介绍**:名片是自我介绍的重要辅助工具。使用名片可以表明身份、节省时间并强化效果。
- ◇ **保持联络**:在人际交往中,向他人递送名片或与之互换名片,能够与对方取得联系方式并保持联络,进而促进交往。

- **拜会他人**：初次前往他人工作单位或住所时，可将自己的名片交给对方的接待人员，由其转交给被拜访者，以便对方确认了拜访者的身份后再决定是否见面，避免冒昧造访而引起他人反感。
- **充当留言单**：当拜访某人不遇或需要向某人传达某事而对方不在时，可用铅笔在本人名片上简单写上具体事由或在名片左下角写上"n.b."（意为"请留意附言"），以便对方见到名片时"如见其人"，避免误事。

礼仪知识窗

名片上缩写文字的含义

按照国际流行的做法，用铅笔在名片左下方写上以下缩写的法文，可以表示特定的含义：

p.m.表示"备忘"，常用语提醒对方注意某事。

p.p.表示"介绍"，通常用于向对方介绍某人。

p.f.表示"祝贺"，常用于恭贺节日或其他固定纪念日。

p.f.n.a.表示"恭贺新禧"或"新年愉快"。

p.c.表示"谨唁"，通常在悼念逝者时使用，以表示慰问。

p.p.n.表示"慰问"，常用于问候病人。

p.p.c.表示"辞行"，常用于向他人告别。

p.r.表示"谨谢"，常用于在收到礼物或受到款待后表示感谢。

二、名片的使用

（一）准备名片

在社交活动中，社交者应有意识地准备一定数量的名片（必须干净、平整、有序），并将其放在专用的名片夹内，装入上衣口袋或随身携带的公文包中，以便拿取。不要将名片与其他杂物混放在一起，以免拿取名片时手忙脚乱，给别人留下不好的印象；也不要将名片放置在钱包、工作证或裤袋内，否则是一种非常失礼的行为。

（二）递送名片

在人际交往中，若想主动结识他人，且对方也有结识的意愿，则可以向对方递送名片，在递送名片时应注意以下礼仪。

（1）把握时机。递送名片要把握适宜的时机，不宜过早或过迟。通常在与他人刚见面时、相谈甚欢时或交谈结束时递送名片最为合适。

（2）态度恭敬。递送名片时，应主动起身并走近对方，面带微笑，注视对方，将名片正面朝上、字迹正对着对方，用双手的拇指和食指握持名片上端的两角，举至

图 1-3-3 递送名片的姿势

胸前,上身略微前倾,递送给对方,并略道谦恭之语,如"张总,这是我的名片,请多多关照"或者"王先生,这是我的名片,希望以后保持联络"等,如图 1-3-3 所示。

此外,递送名片应当有选择性地进行,而不要把名片视同传单散发,否则,名片不会受到他人的重视。

(三)接受名片

(1)态度恭谦。接受他人的名片时,应放下手中的一切事务,起身相迎,面带微笑,点头致意,用双手的拇指和食指接住名片下端的两角,并略道恭谦之语,如"很高兴认识您"或者"能得到您的名片,我深感荣幸"等。

(2)认真阅读。接过名片后,应将名片上的内容从头到尾默读一遍,并记住对方的姓名。遇有显示对方荣耀的职务或头衔时,可轻声读出,以表示对对方的尊重或敬佩。若对名片上的内容有所不明,则可当场请教对方。切忌在接过他人的名片后,随手将其放入口袋中,之后又拿出来观看或者询问对方姓什名谁。

(3)妥善存放。阅读了他人的名片之后,应将名片谨慎地放入名片夹、上衣口袋或公文包内,以示尊重和珍视。切忌将他人的名片拿在手中把玩、涂改、乱揉、乱折,或者随意放在桌上、裤子口袋内等,否则,就是不尊重对方的表现,会引起对方的反感。

 礼仪故事屋

因名片而错失的生意

某公司经理王某在咖啡厅约见了一位重要客户李某。双方见面后,李某恭敬地向王某递上自己的名片,并有礼貌地说:"王总,您好!这是我的名片。"王某接过名片后草草地看了一下,就将名片随意地放到了桌上,并开始与李某谈论合作事宜。过了一会儿,服务人员端来咖啡并请二位慢用。王某端起咖啡喝了一口,便将咖啡杯放在了李某的名片上。这一举动令李某皱了皱眉头,但王某并没有感觉到。

在接下来的谈话中,李某未与王某就合作事宜作实质性的洽谈,而是礼貌地寒暄一阵之后就托词告别。

(4)回递名片。俗话说,来而不往非礼也。在接受了他人的名片后,应当立即向对方回递一张自己的名片,否则会让对方误认为无意与其交往。若尚无名片、忘带名片或名片用完了,则应向对方做出解释,并致以歉意或告知改日补上。

未经名片主人的许可,不可当面将其名片给他人传看。

(四)索取名片

向尊长者索取名片时,可恭谦地进行,如"张董事长,以后我该如何向您请教呢?"向平辈或晚辈索取名片时,可暗示性地进行,如"陈小姐,以后如何与你联系呢?"或者直接发问,如"陈小姐,这是我的名片,能否有幸与您交换一下名片,以便日后联系?"

第四章　大学生礼仪

大学生礼仪是大学生在校园生活中应掌握并遵守的礼仪规范,包括校园生活、学习和仪式中的礼仪规范。校园文明礼仪建设是传承民族文化、弘扬民族精神的重要举措,是创建文明校园的有效载体,它能够有效提高师生的文明礼仪水平,进一步树立校园文明礼仪新形象,是构建和谐校园的重要组成部分。

第一节　校园生活礼仪

一、校园基本礼仪

(一)真诚友爱,相互尊重

真诚友爱是一种崇高的道德情感。大学生要树立"心中有他人"的观念,与同学要真诚相处、团结友爱。同时,同学之间要相互尊重。首先,要尊重他人的人格。讥笑、辱骂、给同学起绰号等行为不仅伤害同学的自尊心,还侮辱了同学的人格,是很不礼貌和很不道德的行为。其次,要尊重他人的生活习惯。每位同学的生活习惯是自幼养成的,是受家庭的教育和周围环境的影响而潜移默化的结果。只有尊重他人的生活习惯,才能与人和睦相处。

(二)善于交谈,顾全大局

交谈是同学之间交流的主要形式之一。同学之间的交谈应该注意以下问题。
(1)说话态度要诚恳谦虚,语调平和,不可装腔作势。
(2)交谈中力求语言文雅,注意场合和分寸。
(3)开玩笑时应掌握分寸,该说的才说,不该说的不说。
(4)不得轻易打断别人的讲话,要插话或提问时应选择适当的时机,若同学说得欠妥和说错了,应在不伤害同学自尊心的情况下,恳切、委婉地指出。

每一个人都离不开集体,正像一滴水离不开浩瀚的江河湖海一样。因此,每位同学都要有集体意识。在集体生活中,要顾全大局,遵守规章制度,不可我行我素。

(三)帮助他人,借物归还

乐于助人是中华民族的传统美德之一,也是校园礼仪中不可缺少的内容。当有同学需要帮助时，应尽力相助，切忌视而不见、置之不理。但要注意分清是非，弄明情况。

使用他人物品时，应事先打招呼，征得他人同意。借用他人物品，须谨记有借有还。借用时要说清楚归还时间，按时归还。如果在约定时间内没有用完所借物品，需要继续借用，要向主人说明情况，得到同意后方可续借。另外，借用他人物品时要特别爱护，不能损坏。万一发生损坏应诚恳道歉并请求原谅，严重的应主动赔偿。

二、校园语言礼仪

校园语言礼仪既是衡量一个学校文明素质的标尺，也是展现一个国家国民素质的社会窗口。大学生在校园里要坚持使用文明礼貌的语言，杜绝说脏话、骂人等，这样同学之间才能相处得更加融洽。

使用礼貌用语的基本要求：谈吐文雅、语言轻柔、词语亲切、音量适中、讲究语言艺术，并能恰到好处地使用肢体语言，如招手、微笑等。

三、校园仪表礼仪

衣冠端正、举止文明、遵守纪律、生活俭朴，是对学生的起码要求，而良好的仪表无疑是其中重要的内容。大学生在仪表方面应该注意以下礼仪。

（一）淡妆为主，自然清新

女生在日常学习、生活中，以不化妆为宜；在社交娱乐活动中，可以化淡妆。化妆的时候，应以自然、清淡为主，以免丧失年轻人自然的美感。

（二）整洁干净，富有朝气

男生不要留长发，不要蓄须，以显得整洁、干净，富有朝气。现在男生的发式也多种多样，但不管哪种发式，都要给人阳刚之气才好。此外，男生不可以穿背心、短裤、拖鞋在外面活动。

（三）举止文明，谈吐优雅

在日常学习生活中，学生要时刻注意自己的举止。坐姿应端正，入座要轻而稳，不跷"二郎腿"，腿脚不抖动；庄严场合，双手不放在衣兜里或插在腰间；步行时目光平视，靠右行走；与人交谈时，保持微笑，听人讲话，神情专注；向对方致意时，要起立示意、欠身致意、脱帽致意、鞠躬等。

此外，要正确称呼对方，主动与人打招呼，掌握因人而异的交谈规则，不讲粗话，不给同学取绰号，以体现出谦恭、和气、文雅和友爱的精神风貌。

四、校园交往礼仪

（一）学生进出老师办公室礼仪

办公室是老师们备课、教研和交流的工作之地，学生有时为了请教问题、送作业本，或为班级其他事情常需要到老师办公室。此时，学生应注意以下事项。

1. 不要唐突造访

学生随便出入老师办公室是很不礼貌的行为。唐突造访、冒失进入，不但影响自己要找的老师，也会影响其他的老师。因此，学生进入老师办公室必须先敲门后喊报告，征得老师同意后，方可进去。如果看到老师正在休息，若是没有紧急的事，最好不要打扰老师。

2. 不要随意翻动

乱翻老师的东西，是对老师的不尊重，而且是非常不礼貌的行为。老师办公桌上或抽屉里都放满了教科书、参考书、备课本、作业本、考试卷等，被翻乱后，教学工作就会受到影响。此外，老师抽屉里有些东西是保密的，如未启用的试卷、未公开的学生成绩表、日记本、信件、钱包等，东西丢失或试卷泄密，都会造成不良的后果。

3. 不要停留太久

老师每天既要根据教材备课，又要批改作业、试卷，还要和其他老师交流教学经验，每天的工作安排通常都是紧凑、有计划的。如果学生在办公室里停留太久，就会打乱、影响老师的工作安排。因此，每个同学都要尽量减少在老师办公室中逗留的时间，更不要因一丁点儿的小事、琐事而麻烦老师。

4. 不要发出声响

进办公室要保持安静，不要在办公室里大声喧哗。例如，送作业本到老师办公室时，要径直走到老师桌前，轻轻地将作业本放在老师桌上。与老师交谈时，眼睛要注视着老师，认真倾听老师的讲话，不随便插嘴。在老师办公室里说话要小声，出入要注意不发出声响，尽量不影响其他老师的正常工作。离开办公室时，轻轻地把门关上。

（二）同学之间的相处礼仪

1. 善于交友，不自卑自傲

"近朱者赤，近墨者黑。"因此，我们要善于交友，学会选择，真诚待人。同学之间在人格上是平等的，彼此应相互尊重，自傲或自卑者都可能与其他同学之间人为地拉大距离，影响同学关系的正常发展。

2. 团结同学，不排斥他人

在一个班集体中，每个人总有一些关系不错的朋友，但忌长时间地接触几位关系好的同学，而不和其他人相处。尤其是当小群体的利益与集体利益发生矛盾时，则应以班集体利益为先，舍弃个人小集体利益。

3. 积极向上，不互相攀比

同学交往，免不了攀比，关键看比什么，是志气、信心，还是虚荣。如果是比思想进步、学习进步，这当然好；但如果是比物质，就不可取了。

4. 谨言慎行，不说长道短

同学间相处不要在背地里说长道短，这是同学间最忌讳的事情。正确的做法是，自己不传、不说；听到别人说，要认真分析真伪，不要轻信及盲从。

5. 温文尔雅，不出口伤人

"良言一句三冬暖，恶语伤人六月寒。"要自觉培养尊重别人的能力，讲话应温文尔雅，讲究语言美，忌自以为是、出言不逊、恶语伤人。

6. 就事论事，不揭人短处

争论时不要翻旧账，不要总是对过去的事情耿耿于怀、揭人短处，更不能对他人进行人身攻击和侮辱性的言语攻击。

7. 合理退让，不争吵不休

在多数场合下，与人争吵并不能真正把对方说服，反而会使对方更加坚持自己的意见。在争吵时做出合理的退让，有利于化解一场争吵。

五、校园宿舍礼仪

宿舍是大学生共同生活的场所，是学生共同的家，也是反映学生精神文明和礼仪修养的一个窗口，一定要格外重视。具体来说，学生在宿舍中要注意如下礼仪。

（一）内外整洁，美化环境

宿舍礼仪

住集体宿舍要注意清洁卫生，自觉搞好个人卫生。衣服被褥要勤洗，早上起床后铺位要打扫干净，被褥要铺叠整齐，洗漱用具、衣服鞋袜要放好。在搞好个人卫生的同时，还应关心集体，关心他人，除了规定的值日外，要主动自觉地搞好公共卫生，保持宿舍内外整洁，还可以养一些花草美化宿舍环境，努力创造一个舒适、优美、整洁、卫生的良好环境。

 礼仪故事屋

一屋不扫何以扫天下

东汉时期，有个叫陈蕃的人，他年轻的时候很想干一番大事业，立志要"扫除天下"。可是他又很懒，从来都不肯动手把家里的环境打扫干净。当时就有人批评他说："一屋不扫，何以扫天下？"意思是说：屋里的卫生都懒得打扫的人，怎能治理天下？

> 这则故事警示后人立大志者要从修身做起，从小事做起，不要光说大话、空话，不干实事。同样，作为一名大学生也应该从小事做起，从宿舍的卫生做起，养成良好的个人卫生习惯，提高大学生的文明修养。

（二）搞好团结，爱护公物

在日常生活中，难免会发生一些矛盾和不愉快的事情，要学会克制自己，宽以待人，互相谅解。即使是原则问题，也应心平气和地说明道理。当别人发生争吵时，不要袖手旁观，更不能火上浇油，应耐心劝解，帮助解决矛盾，搞好团结。要爱护公用物品，如不小心弄坏了，要按价赔偿。

（三）主动关心，热情照顾

当同学生病时，最需要同宿舍同学的关心和照顾。这时要主动关心，热情相帮，如陪同看病、上食堂买饭、打开水等，尽可能帮助病人处理一些力所能及的事情。同时，要保持宿舍的安静，并给病人以精神安慰，促使其尽快恢复健康。另外，遇到同学在生活上、经济上发生困难请求帮助时，要尽量帮助，缓解一时之急。

（四）注意节制，勿扰他人

每个人的兴趣爱好、生活习惯、性格情趣都有所不同，但在集体生活中，要考虑他人的感受，注意节制，不要打扰到别人。例如，娱乐的时候不要高声怪叫，妨碍他人看书读报；也不要玩得太晚，影响他人休息。

（五）同学隐私，适当回避

当同学有亲友来访，谈一些私事时，在集体生活中，每位同学都要尊重别人的隐私权，凡别人不愿谈的事，不要去打听。

（六）同学相邀，串门有礼

通常在有同学相邀，或在得到该寝室其他同学允许时，才可以串门。进门应主动向其他同学打招呼，并且只能坐在邀请你的同学的铺位上，不能随处乱坐，更不能乱用别人物品，乱翻动别人东西。讲话声要轻，时间要短，不能坐得太久，以免影响其他同学的正常作息。

（七）虚心接受，知错就改

如果自己违反了宿舍的制度，或做了不文明礼貌的事情，遭到别人提醒或批评时要虚心接受，即使批评有些过头，也应有则改之、无则加勉，不能强词夺理，知错不改。同时，对别人的缺点，也应耐心帮助。

六、校园食堂用餐礼仪

学校食堂是师生共同就餐的场所,这里就餐人数多,就餐时间集中,大学生应注意就餐礼仪。

(一)遵守秩序,排队购买

按规定时间就餐,遵守秩序,互相礼让,自觉按先后次序排队,不要硬挤或插队,更不应打闹、起哄或出现其他不文明行为。工作人员繁忙时,要耐心等待;轮到自己打饭时,讲话要客气;打饭后,应礼貌地说声"谢谢"。

(二)爱护卫生,节约粮食

在食堂不可随地吐痰,不可向地面泼水、扔杂物,剩余的饭菜应倒在指定地方。进餐时不要打喷嚏、咳嗽,万一不能抑制,必须把头转个方向,以纸巾掩住口鼻。此外,进餐时应注意节约粮食。所购买的饭菜,以吃饱为度,不要超量购买,以免吃不完造成浪费。

(三)合理意见,礼貌提出

就餐时,如发现饭菜有异物或质量问题时,可找有关管理人员有礼貌地说清,以帮助食堂改进工作,提高服务质量;而不要当着食堂工作人员的面,抱怨饭菜不好,更不可大发脾气,吵闹不休。

(四)端稳托盘,及时避让

学生在端汤盘到餐桌用餐时,应左手托盘、左臂弯曲、掌心向上、五指稍曲分开,将盘平托于胸前,略低于胸部。行走时,头应正,肩应平,上身应直;两眼平视前方,不可眼看盘面;脚步轻捷自如(以汤水不外溢为限);在过路和交叉相遇时,应尽可能快地在右侧行走,以免碰撞,发生烫伤人的意外。手端汤盘到餐桌后轻轻放下,不要使汤溅出,如不小心将汤溅到别的同学身上,要礼貌地说声"对不起"。如别的同学不小心将汤溅到自己身上,也不要大动肝火不饶人。把汤盘放在桌上后再落座,落座时动作要稳、要轻,以免打翻桌上的杯盘。

(五)吃出文明,喝出文雅

大学生就餐时应注意动作优雅,具体应做到以下几点。

◇ **动作文雅**:用餐的动作要文雅,夹菜时不要碰到邻座,不要把盘里的菜拨到桌上,不要把汤打翻。

◇ **咀嚼文雅**:食物送入嘴中应该闭口咀嚼,要把咀嚼食物的声音限制在最低程度内。当咀嚼较坚硬的食物时，要特别注意，若不闭口就会发出较大的咀嚼声，不仅显得吃相不雅，还会影响别人进食的情绪。

- **喝汤文雅**：如果汤菜太热，可以用汤匙在碗里慢慢搅动，但不要用嘴对着汤吹，既不礼貌也不文雅。
- **吐刺文雅**：用餐过程中，有些东西需要吐出来，如吃鱼吐刺，应用筷子从口中取出，放在自己前面的桌面上或专用的容器里，而不能低下头，嘴对着桌子直接吐出。
- **吃相文雅**：每次送进口中的食物量要适当。如果每次都将过量的食物填入口中，以致把两腮胀得鼓鼓的，不仅不利于消化，而且吃相也十分不雅。

第二节　校园学习礼仪

一、大学生课堂礼仪

课堂是教师对学生传授知识的场所。而遵守课堂礼仪是学生最基本的礼貌，它有助于促进教师与学生的沟通，提高教学质量。

（一）课上礼仪

1. 课堂请关手机

关手机是课堂上的基本礼仪，如果因故不能关手机，也要把手机调成震动。尽量不要在课上接听电话，课后再回电话给对方。

2. 迟到请走"后门"

尽量早几分钟进教室为上课做准备。由于特殊原因迟到，应该在教室门口先停下脚步喊"报告"。如果教室门关着，就应先轻轻敲门，在得到老师的允许后才能进入教室。当老师询问到迟到的原因时，要实事求是地报告给老师。如果受到老师的批评，应诚恳地承认错误，接受批评。在走向自己的座位时，速度要快，脚步要轻，动作幅度要小，应尽量减少对课堂秩序的干扰。

3. 上课请注意形象

学生进入教室要保持仪容整洁、大方，男同学不要胡子拉碴、发型怪异；女同学不要穿奇装异服。夏天不能穿背心、拖鞋到教室。

4. 废物请随身带离

尽量不要把食物带进教室，上课的时候不要咀嚼口香糖，下课后要把饮料包装或者需要丢弃的物品随身带离。

（二）课间礼仪

课间是同学们上课后休息的时间，而在这短短的 10 分钟里也存在着很多礼仪问题。具体来说，应注意以下问题。

（1）不得在教室里打闹，可放松身体坐在座位上休息，也可到走廊里远眺让眼睛放松一下。

（2）举止要文明，严禁在走廊里乱跑乱撞、追逐打闹、大声喊叫。

（3）通过走廊遇到老师时，要主动给老师让路，并点头示意说："老师您请。"

（4）入厕时讲究卫生，便后洗手。

（5）要抓紧时间做好下节课的准备工作。

二、大学生在图书馆学习时的礼仪

学校图书馆拥有着成千上万的馆藏，它是一个知识的海洋，又是一个科学的殿堂，学生们进入图书馆以后，在丰富学生们知识的同时，也能有效地历练其礼仪修养。在图书馆里讲究礼貌公德，体现出的是一个人的文化知识素养。

（一）保持安静，不喋喋不休

在图书馆走动时脚步要轻，避免将桌椅弄出声响；阅读时不要出声；遇见同学或熟人，轻轻点头或挥手示意即可，尽可能少说话，更不能高声谈笑、大声喧哗。手机等通信工具要关掉或调至振动状态，如需通话，应到阅览室外，并随身带好贵重物品。

（二）次序排队，不抢占座位

在借还图书时，要按先后次序排队，不要争先恐后，更不要插队。进入图书阅览室，自己找个座位就行，不应为别人占座位。如果临时走开，回来时发现自己的座位被他人占据，此时不妨轻声商量，互相谅解。要知道图书馆作为公共场所，有空位人皆可坐。

（三）雨天进馆，不拖泥带水

雨天进图书馆时，应注意把雨具放在指定地点，还要把鞋底的泥水弄干净，以免溅到其他读者身上或把图书馆的地面弄脏。另外，在图书馆阅读时，不要乱扔纸屑、随地吐痰、大声咳嗽、吃零食或嚼口香糖。在图书阅览室内边看书边吃东西，不仅影响他人阅读，破坏学习气氛，还易弄脏图书。

（四）逐册取阅，不多取多占

对开架图书应逐册取阅，不要同时占有多本，这样可以让更多的同学查阅到想要的资料。阅读后应立即放回原处，以免影响其他人阅读。离馆时，要把书刊放回原处，不能随便放在桌子上。自己的纸笔要记着带走，废弃的纸张应自觉扔到馆内的垃圾篓或带到馆外扔到垃圾箱内，自觉把桌椅复归到原位。借出阅读的图书读完后要及时归还，热门书更应速看速还。

（五）本分读书，不当孔乙己

爱护图书馆里公共财物和设备，不摇动桌椅，不在桌、台上乱刻乱画。"窃书不算偷"，孔乙己的名言请不要带到图书馆来。将公共图书据为己有，或将书中有精美插图、精彩段落的书页撕下来，太失读书人的体面，得不偿失。

（六）爱惜公物，不乱刻乱画

看书以前，最好能洗一洗手，以保持书的整洁。看书时，不要在书上圈点、批注、折角或作各种标记，更不能把自己认为有用的资料、图片撕下来，这些行为都是很不礼貌的。现在多数图书馆已提供了复印服务，如果确实需要某种资料的话，可征得工作人员同意后，到指定处复印。

三、大学生听报告时的礼仪

大学生参加报告会时应衣着整洁、仪表大方、准时入场、进出有序，依会议安排落座。具体来说，要注意以下几点。

（一）及时到场，按时赴会

遵守集会纪律，做到准时、有序参加集会，每个学生都要有较强的时间观念，应提前几分钟到达集会地点。入场时，不要勾肩搭背、大声谈笑、东张西望或寻人打招呼。入场后要在指定地点入座，如事先没有指定座位，要听从会议组织者的安排，不要擅自挤占位置好的座位。

（二）恭候名人，出场鼓掌

学校集会有时会邀请一些知名人士出席，如著名科学家、战斗英雄、体育健将、明星等。他们是同学们仰慕和崇拜的偶像，他们的报告不仅能让同学们开阔视野、增长见识、启迪思维，还会给会场增加热烈的气氛和欢乐的情绪。报告人未入场前，与会学生应安静恭候。当报告人出现在主席台上时，应报以热烈的掌声，这是一种基本的礼貌。

（三）端坐静听，表示赞同

报告人作报告时，要端坐静听，不要窃窃私语，也不要看报刊、吃零食、打瞌睡、东张西望或左顾右盼，否则会影响报告人的情绪，也会干扰其他同学听报告。对报告中的精彩部分，学生可以鼓掌，以表示赞同和钦佩。在一般情况下，学生不要随意离开会场。如有特殊原因需离开时，应悄悄出场，以减少对报告人和听众的干扰。

（四）听众发言，讲究礼仪

如果在听报告时需要听众发言，则要注意以下礼仪。

1. 征得同意，方可发言

如果报告中留出时间让听众发言，一定要先举手，得到主持人的同意后，方可发言。在别的同学发言时，应认真倾听，不要做出无所谓或不耐烦的样子，不要随便插话，更不能强行打断别人的讲话。同时，也不要和周围的同学议论，扰乱会场纪律，更不能公然露出鄙夷的神色或拂袖而去。

2. 论据充分，以理服人

发言不管是阐述自己的看法，还是反驳别人的论点，都应注意观点明确，以理服人。别人批评自己的观点或对自己的观点提出不同看法时，应虚心听取，要让别人把话说完，不要急躁，切忌出言不逊、恶语伤人。

3. 观点不同，灵活处理

对报告中的某些观点不同意，或由于报告中的引例和数据不够准确而有不同看法时，与会学生还可以采取正确而礼貌的方式予以处理，或通过向报告人递条子的办法指出报告中的某些欠妥之处，或会议结束后向会议组织者提出意见。当场在下面议论、喊叫，或当面责问，都是极不礼貌的行为。

（五）报告结束，签名留念

当名人的报告或表演结束时，可以同名人交谈，请他们签名留念，但不要围观阻截，强行要名人签名或争抢名人赠送的纪念品。报告结束时，为表谢意应报以热烈掌声。如果报告人离席先走，则应再一次鼓掌表示欢送，然后请来宾及教师先离开会场，最后学生按次序退场，切忌一哄而散。

第三节　校园仪式礼仪

仪式是按一定礼节进行的集体活动，如开（闭）幕式、欢迎仪式、授奖仪式、捐赠仪式等。在各种仪式中，隆重的仪式通常被称为典礼，学校中的典礼有开学典礼、毕业典礼、校庆典礼等。不管这些仪式的规模、形式如何，同学们参加这些仪式时，态度都要积极，表现要热情，礼节要完备。

一、升（降）旗仪式礼仪

升旗仪式一般在星期一早晨举行，全体学生应着装整齐在操场列队集合，面向旗杆肃立。升旗是一项严肃、庄重的仪式，全场要保持安静，不应自由走动、东张西望。升旗时全体学生应目送国旗升顶，直至仪式完毕。升旗后如果有人讲话，讲话者无论是学校领导，还是学生代表，同学们都应保持安静、认真听取。

降旗一般在傍晚进行，不再举行仪式，由旗手和护旗手直接将国旗降下。降旗时态度要认真、恭敬，降下的国旗要卷好并妥善保管。

二、开学典礼礼仪

每个新学年或每个新学期开学之际，学校都要举行开学典礼。开学典礼是学校的大典，是新学年、新学期开始的标志，全校师生员工都要参加，有必要时还可邀请当地党政领导和有关部门负责同志及家长代表参加。开学典礼是对学生进行入学教育的第一课，不仅可以使新生了解学校的历史、现状，还可以使新生明确学校的培养目标和管理制度，明确学校学习生活的特点，为尽快适应在校学习和生活做好思想准备。同时，对老生来说，开学典礼也起到了教育规范的作用，让学生了解本学期的学习任务、学校的要求和本学期开展的活动等。

开学典礼是入学后参加的第一项集体活动，因此，不要无故缺席，不要迟到，应随班集体提前到达会场，到指定位置就座。在主持人宣布开学典礼开始或介绍学校各级领导和来宾，以及领导、教师、学生代表发言时，应适时地报以热烈掌声。整个过程中，要注意认真听讲，不要交头接耳，也不要随地吐痰或乱扔杂物，保持会场的清洁卫生。开学典礼结束时，应等主席台上的领导、来宾退席后再按顺序退场。

三、毕业典礼礼仪

毕业典礼是学校为毕业生举行的毕业庆典仪式，是学校对学生进行毕业教育的最后环节。通过毕业典礼，毕业生可以牢记学校老师的希望和嘱托，信心百倍投入到新的学习或工作中去。

全体应届毕业生、学校领导和担任该届教学工作的教师，以及学校的有关部门工作人员应参加毕业典礼。毕业生家长（或家长代表）也应被邀请参加，必要时还可邀请当地有关领导及本校校友中的知名人士参加，在校学生也可派代表参加。

毕业典礼是同学们在校期间参加的最后一次学校性集会，参加毕业典礼的学生应珍视这一仪式，要以留恋、严肃、认真的态度开好毕业典礼。要严格遵守会场纪律，给母校、给老师留下一个美好的印象，切不可因为即将离开学校就无所顾忌，破坏良好的会场秩序。在典礼上，领导、教师和学生代表发言时，在毕业生代表接过校领导授予的毕业证书、荣誉证书时，在毕业生先进个人、先进集体代表登台领奖时，都要适时地鼓掌表示欢迎和祝贺。

结束时，要等主席台成员退席后，再按照要求有秩序地退场，退场时可以摄影留念。

四、校庆典礼礼仪

学校逢五或逢十的校庆可举办校庆活动，其中一项是校庆典礼。校庆典礼一般要广邀该校历届毕业生返校参加。

在校学生在校庆典礼中的一项重要工作即是担任服务员。参加服务工作的学生应统一着装，保持良好的精神面貌，对所有来宾都应热情有礼。担当迎宾任务的同学要身披迎宾绶带、面带微笑，躬迎来宾。担当引导任务的同学要谦恭有礼地对来宾进行登记；对老校友，应帮他们在事先准备好的胸牌上填上校友毕业届次和姓名，并帮他们佩戴在胸前，以免久别重逢的校友因叫不出对方姓名引起尴尬；对其他来宾，应备好纸笔并招呼他们在纪念册上签到或题词。典礼开始前，要及时向大会主持人通报校友、来宾到场的情况。

没有参加服务工作的同学要遵守纪律、服从指挥，也可主动协助做引导、接待工作。

五、运动会开（闭）幕礼仪

运动会是学校重要的活动之一。在运动会上无论观众还是运动员都要遵守纪律，注意礼仪。开幕式象征着运动会的开始，是激发、鼓舞运动员热情和斗志的时候，也是宣传吸引观众的时候，此时要按时进退场，不随意中途离席。无论观众、运动员都要听从大会指挥，严肃认真，使开幕式气氛隆重热烈。

观众不要过分大声喧嚷，或施以嘘声讪笑、粗言辱骂等失礼行为，要适时、适度鼓掌，不起哄、不喝倒彩、不吃零食；勿随意投掷空罐、纸屑、果皮、垃圾至比赛场地，影响比赛；也不要在观众台看书报，对比赛漠不关心。

运动员要保持良好的竞技状态，不要过分计较得失，要尊重裁判判决，不与裁判直接发生争吵，以公平竞技的态度来对待比赛。

第四节　大学生求职礼仪

每一位求职者都希望在面试的时候留给主考官一个好印象，从而增大录取的可能性。所以，事先了解一些求职特别是面试的礼仪，是求职者迈向成功的第一步。

一、面试服饰礼仪

应聘者的外在形象是给主考官的第一印象。外在形象的好坏在一定程度上会影响录用结果。面试时，恰当的着装能够弥补自身条件的某些不足，显示出自己的独特气质，脱颖而出。

面试时的礼仪

（一）男士

面试时，男士要注意脸部的清洁，胡子一定要刮干净，头发梳理整齐。此外，还应注意以下服饰礼仪。

（1）春、秋、冬季，最好穿正式的西装面试，并查看领口、袖口是否有脱线和污浊的痕迹；夏天要穿长袖衬衫，系领带，不要穿短袖衬衫或休闲衬衫。

（2）西装的色调要以给人稳重感觉的深色为主，如藏青色、蓝色、黑色、深灰色等；配套的衬衫最好为白色；领带应选用丝质的、单色的；皮鞋最好选用黑色的；袜子选择深色的。

（3）眼镜要和自己的脸型相配，镜片要擦拭干净。

（二）女士

女士面试时，要化淡妆，头发要梳理整齐，前额刘海不要超过眉毛。如果抹香水，应该用香型清新、淡雅的。此外，还应注意以下服饰礼仪。

（1）面试时的着装要简洁、大方、合体。职业套装是最简单，也是最合适的选择。套装的色彩要表现出青春、典雅的格调，但不宜穿抢眼的颜色。

（2）皮鞋应该以式样简单、没有过多装饰为主，后跟不宜太高，颜色和套装的颜色一致。如果你知道如何配色，最简单的办法就是穿黑色的皮鞋。

（3）丝袜以透明的、近似肤色的颜色最好，且要随时检查是否有脱线和破损的情况，最好带一双备用丝袜。

（4）佩戴饰物应注意和服装整体的搭配，最好以简单朴素为主。

（5）如果习惯随身携带包，那么包不要太大，款式可以多样，颜色要和服装的颜色相搭配。

提 示

出发前，要从头到脚再检查一遍，看看扣子、拉链是否扣好、拉好，领子、袖口是否有破损，衣服是否有褶皱，鞋子是否干净光亮。

二、谈话礼仪

（一）注视对方

和对方谈话的时候，要正视对方的眼睛和眉毛之间的部位，和对方进行目光接触。如果不敢正视对方，会被人认为你害羞、害怕，甚至觉得有隐情。

（二）学会倾听

倾听是一种很重要的礼节，好的交谈是建立在倾听的基础上的。学会倾听，最重要的就是要对对方说的话表示出兴趣。在面试过程中，主考官的每一句话都可以说是非常重要的。因此，面试者要集中精力，认真去听，记住说话人讲话的内容重点。

倾听对方谈话时，要自然流露出敬意，具体要做到以下几点。

（1）记住说话者的名字。

（2）身体微微倾向说话者，表示对说话者的重视。

（3）用目光注视说话者，保持微笑。

（4）适当地做出一些反应，如点头、会意地微笑、提出相关问题等。

三、面试时的身体语言

身体语言是指人的动作和举止，包括姿态、体态、手势和面目表情。它是一个人的修养、教育，以及为人处世的基本态度的自然流露。面试的时候，一定要避免以下动作。

（1）拖拉椅子，且发出很大噪音。

（2）一屁股坐在椅子上。

（3）坐在椅子上，耷拉着肩膀，含胸驼背。

（4）半躺半坐，男的跷着二郎腿，女的双膝分开、叉开腿等，会给人放肆和缺乏教养的感觉。

（5）坐在椅子上，脚或腿自觉不自觉地颤动或晃动。

 礼仪故事屋

> 某学校文秘专业的一位同学，没有特别骄人的成绩也没有任何的介绍信，但却从百名应聘的竞争者中脱颖而出，成为总经理助理。有的人很奇怪地说："他并没有任何单位的介绍信，您是如何在短时间内知晓他能胜任这份工作呢？"总经理说："其实，他带来了不止一封介绍信。你看，他在进门前先蹭掉脚上的泥土，进门后又先脱帽，随手关上了门，这说明他很懂礼貌，做事很仔细；我故意在地上放了一本书，其他应试者都不屑一顾，只有他俯身捡起，放在桌上。当我和他交谈时，发现他衣着整洁，头发梳得整整齐齐，指甲修得干干净净，谈吐温文尔雅，思维十分敏捷。怎么，难道你不认为这些细节是极好的介绍信吗？"

第二部分
商务礼仪

第一章　商务礼仪概述

第一节　商务礼仪的概念及特点

商务礼仪是指人们在商务活动中，为了塑造良好的个人和组织形象，以及表示对交往对象的尊重和友好而共同遵守的行为规范和准则。它是一般礼仪在商务活动中的具体体现和应用，是开展商务活动时必不可少的交流工具，主要具有以下几个特点。

（1）普遍认同性。商务礼仪在商务活动领域内被人们共同认可、普遍遵守，且在全世界范围内几乎是通用的，具有全人类的共同性，如微笑、握手等。

（2）形式规范性。商务礼仪的表现形式具有一定的规范性，即对人们在商务活动中的言行举止确立了相应的标准。人们按照这种形式规范进行着装、言谈和行动，就能够在商务场合表现得得体恰当、彬彬有礼。

（3）时代变化性。商务礼仪不是一成不变的，它会随着时代的发展而不断地被赋予新的内容。例如，在快节奏的经济生活环境下，现代商务礼仪便向简洁、务实的方向发展。

（4）地域差异性。不同文化背景下的商务礼仪在内容和形式上存在一定的差异。例如，不同国家或地区的人，其问候致意的形式不同，有的脱帽点头致意，有的手抚胸口致意，有的握手致意等。

（5）效益性。商务礼仪能够协调个人或组织与其商务对象之间的关系，促进双方的顺利合作，从而利于经济效益的提升。

随着商业活动的全球化，商务礼仪扮演着越来越重要的角色。商务礼仪已经成为现代商务活动中必不可少的交流工具，越来越多的企业都把商务礼仪作为员工的基本常识。据统计，日本每年要花费约数亿美元为其员工进行商务礼仪培训。所以，对于现代企业来说，学习和普及商务礼仪，已成为现代企业提高美誉度、提升核心竞争力的重要手段。

第二节　商务礼仪的"3A 法则"

"3A 法则"是由美国学者布吉林提出的，其基本含义是在人际交往中要成为受欢迎的人，就必须注意善于向交往对象表达尊重、友善之意。向别人表达尊重、友善之意的方式，即"接受对方、重视对方、赞美对方"。由于"接受（accept）""重视（attention）""赞美（admire）"这三个词在英文里的第一个字母都是"A"，因此被称作"3A法则"。

在商务活动中，必须长存敬人之心，所作所为都不失对对方的敬意。这样，才能使沟通更顺畅、合作更顺利，才能为企业创造更多的效益。

一、接受对方

接受对方是交往的基础。在商务活动中，通常需要面对各种各样的人，只有学会接受不同的对象，才能进行进一步的了解与沟通。

在商务交往中，要宽以待人，勿求全责备，不要为难对方，使之难堪。在交谈时要做到以下三不准：

（1）不准打断对方。

（2）不准轻易补充对方，留给对方自己补充。

（3）不准随意纠正对方观点。

另外，在工作中，当着客人的面不可以批评同事。适当的时候，需要帮助同事，以体现企业的团结精神。

二、重视对方

重视对方，即要让对方感觉自己受到重视，不受到冷落。这在商务交往中是非常重要的一点。显示对对方重视的技巧有以下3种：

（1）使用尊称，如以行政职务、职称、行规等称呼对方。

（2）记住对方。

（3）倾听对方的要求。

礼仪故事屋

乔·吉拉德是世界上最伟大的推销员。有一天，一位中年妇女从对面的福特汽车销售商行，走进了吉拉德的汽车展销室。她很想买一辆白色的福特车，但是福特车行的经销商让她过一个小时之后再去，所以先过这儿来瞧一瞧。

"夫人，欢迎您来看我的车。"吉拉德微笑着说。妇女兴奋地告诉他："今天是我55岁的生日，想买一辆白色的福特车送给自己作为生日的礼物。""夫人，祝您生日快乐！"吉拉德热情地祝贺道。随后，他轻声地向身边的助手交代了几句。

吉拉德领着夫人从一辆辆新车面前慢慢走过，边看边介绍。在来到一辆雪佛莱车前时，他说："夫人，您对白色情有独钟，瞧这辆双门式轿车，也是白色的。"

就在这时，助手走了进来，把一束玫瑰花交给了吉拉德。他把这束漂亮的花送给夫人，再次对她的生日表示祝贺。那位夫人感动得热泪盈眶，非常激动地说："先生，太感谢您了，已经很久没有人给我送过礼物了。刚才那位福特车的推销商看到我开着一辆旧车，一定以为我买不起新车，所以在我提出要看一看车时，他就推辞说需要出去收一笔钱，我只好上您这儿来等他。现在想一想，也不一定非要买福特车不可。"

后来，这位妇女就在吉拉德那儿买了一辆白色的雪佛莱轿车。

三、赞美对方

一般人都希望获得他人的欣赏与肯定。及时发现商务伙伴的各种优点，并加以中肯的赞美，往往会争取到对方的合作，并容易与其保持和睦友好的关系。

但是，在赞美对方时，要注意以下4点。

1. 适可而止

即赞美对方一定要把握好分寸，不要时时处处赞美对方，否则会使赞美本身贬值。

2. 实事求是

赞美一定要实事求是，力戒虚情假意，要明确赞美与吹捧是有所区别的。

3. 恰如其分

在赞美对方时所选用的词语、语气一定要恰如其分，不要过分做作，否则会让对方觉得你有不良企图。

4. 因人而异

要善于发现对方的优点并进行赞美，而不能不看对象，全部赞美同一个优点。如果能根据不同人的不同需求进行赞美，往往能取得更好的效果。

第二章 拜访与接待礼仪

第一节 拜访礼仪

拜访一般是指到他人的工作地点或私人居所与对方会晤,或者进行其他方面的接触。在商务活动中,因工作需要,通常要去拜访别人,此时需要讲究商业拜访礼仪,才能顺利地完成工作任务,达成拜访目的。拜访过程中要注意礼节,维护个人或单位的形象。

一、有约在先

拜访前要与主人有约在先,不做不速之客,这样做不仅体现个人教养,更是对主人的尊重。预约时要注意以下两个要素。

(一)约定时间

与主人约定拜访时间一定要客随主便,让主人定夺。如果主人时间充裕,客人可提出几个时间段,让主人选择。拜访时间一般应定在节假日,时间不宜过早,也不宜过晚,以免影响主人休息,更不应在对方常规的用餐时间登门。

(二)约定人数

预约拜访时,要与主人商定好届时到场的人数及其身份,以便于主人做好准备,尤其是在公务拜访中要注意这一点。宾主双方都要尽力避免自己一方中出现对方不欢迎,甚至极为反感的人物。此文,拜访人数不宜过多,人数既已定下也不宜临时更改。

二、做客有方

(一)准时到达

约定拜访时间后,一定要准时到达,不要到场过早,也不宜过晚。如果临时有事,须提前通知主人,说明原因,表示歉意。

(二)注意敲门的艺术

到达主人所在地时,一定要敲门或按门铃。按门铃时,让铃响两三声即可,不要久按不放，等有人回应或者出来迎接时方可进门，不可以不打招呼就擅自闯入，即使开着门也应该敲门或打招呼后再进。

（三）及时问候

与主人会面，应该主动向对方问好，并且与对方行握手礼。如果是老朋友，可以更亲切些，相互拥抱也无妨；如果是初次见面，还应该略作自我介绍。如果与你同来的还有其他人员，应该主动向主人一一介绍。

（四）注意个人仪表

拜访别人时着装要干净、整洁、庄重，切忌衣装不整、蓬头垢面。进门后，应当主动地脱下外套，并且摘下帽子、墨镜、手套。

（五）礼貌入座

应邀入座时，要随行于主人身后，切忌抢先。一般而言，主人会邀请客人在指定的地方入座，此时要注意3点：第一，不要自行找坐；第二：与他人同至时要相互谦让，切不可抢座；第三，最好与其他人，尤其是主人一起落座，以示尊重。

（六）注意交谈内容

在任何一次拜访活动中，必要的寒暄后即可切入主题，交谈实质性问题，不宜兜圈子，浪费双方时间。交谈内容要得体，不可谈及低俗、无聊的话题和主人的隐私问题。未经主人邀请或同意，不可随便参观主人的房间，同时不宜对主人室内的摆设品头论足。

（七）适时告辞

拜访时要注意把握辞行时机，顺访一般不超过20分钟，专访一般不超过一个小时，初次拜访则不宜超过半个小时。与主人交谈中如果发现主人心不在焉，或沉默不语，或长吁短叹，说明主人或有急事要办，或将要下逐客令，此时，自己应该及时告辞。

 礼仪小贴士

> **拜访对象晚到时的注意事项**
>
> 拜访时，如果是对方晚到，则要充分利用时间理清思路或整理文件。等待时要安静，不要通过谈话来消磨时间，以免打扰别人工作；也不要不耐烦地频繁看表。此时，可以问接待助理约见者什么时候有时间，如果等不及，可以向助理解释清楚并另约一个时间。

第二节　接待礼仪

在商务活动中，接待宾客是常见的交往方式，只有让客人感到宾至如归，才能促进商务活动的顺利进行，并给客人留下美好的印象。

一、迎客礼仪

（一）迎客规范

（1）迎接来宾前，首先要了解来宾的背景资料。充分掌握迎宾对象的基本情况，尤其是主宾的个人简况，如姓名、性别、年龄、单位和职务等。

（2）根据迎送规格，准备好必要的车辆和食宿接待。

（3）掌握抵达的时间，提前到达迎宾地点。若迎宾时间有变化应及时掌握。

（4）迎接未见面的客人，在车站、码头、机场上有必要准备一块接站牌。

（5）见到来宾后，应马上向其问候、致意并作自我介绍。

（6）应主动向客人表示帮助他拿行李的意思，不过对于来宾手中的外套、提包或密码箱，则没有必要为之"代劳"。

（7）如有车来接，应为客人打开车门。上车后应将活动日程表送到客人手上，行车中可向其介绍沿途建筑、风光、民俗、气候和特产等情况，并询问客人有何私人活动需要帮助安排。在力所能及的前提下，应当在迎宾活动中兼顾来宾一方的特殊要求，尽可能地对对方多加照顾。

（8）商务接待住宿安排要根据客人的身份、人数和工作需要来酌情考虑。抵达住所后，接待人员不要久留，以免影响客人休息。分手前，要告之联系的方法，并约好下次见面的时间和地点。

（9）对应邀前来参加本单位活动的本市重要客人，应在单位大门口迎接。

（二）乘车礼仪

商务接待活动中，迎接来宾乘坐车辆时应注意座次的尊卑。

（1）在轿车中，座次的尊卑一般是右座高于左座，后座高于前座。以一辆双排5人座轿车为例，其尊卑排序如图 2-2-1 所示。但是在主人亲自驾车时，客人坐在副驾驶座上与主人"平起平坐"，才合乎礼仪，如图 2-2-2 所示。

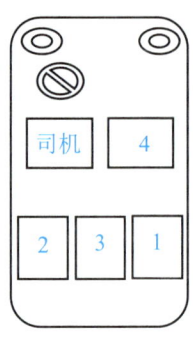
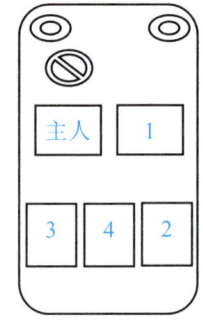

图 2-2-1　司机驾驶时座位尊卑排序　　图 2-2-2　主人驾驶时座位尊卑排序

（2）在大型商务车上，座次尊卑的一般规则是：前座高于后座，右座高于左座；距离前门越近，其座次往往越高。有的商务车座位被安排在通道两侧，在这种情况下，一般应以面对车门的一侧为上座，背对车门的另一侧为下座。

（三）引导礼仪

接待人员带领客人到达目的地，应该有正确的引导方法和引导姿势。

1. 在走廊的引导礼仪

接待人员在客人二三步之前，配合步调，让客人走在内侧。

2. 在楼梯的引导礼仪

引导客人上楼时，应该让客人走在前面，接待人员走在后面；下楼时，应该由接待人员走在前面，客人在后面。上下楼梯时，接待人员应该注意客人的安全。

3. 在电梯的引导礼仪

引导客人乘坐电梯时，接待人员先进入电梯，等客人进入后关闭电梯门；到达时，接待人员应让客人先走出电梯。

4. 客厅里的引导礼仪

当客人走入客厅，接待人员礼貌地请客人入座，待客人落座好，行点头礼后方可离开。如有客人错坐下座（一般靠近门的一方为下座），应请客人改坐上座。

二、待客礼仪

（一）待客规范

（1）提前打扫，力求整洁。
（2）起身相迎，专门恭候。
（3）盛情款待，斟茶敬烟。
（4）聚精会神，认真专注。

（二）待客座次礼仪

商务待客中应注意座次高低，并可视具体情况做安排。

（1）面门为上。采用"相对式"就座时，通常以面对房门的座位为上座，应让之于来宾；以背对房门的座位为下座，宜由主人自己在此就座。

（2）以右为上。主客双方采用"并列式"面对正门并排就座时，以右侧为上，应请来宾就座；以左侧为下，应归主人自己就座。

（3）居中为上。如果客人较少，而接待方人数较多，应请客人坐在中间，接待方人员围坐在来宾的两侧或者四周。

（4）自由为上。有时未及主人让座，来宾便自行选择了座位并且已经就座，此时主人应顺其自然。

（三）奉茶礼仪

在客人入座后、开始交谈前，主人应为客人奉茶。

当客人较多时，奉茶应按照以下顺序进行：① 先客人、后主人；② 先主宾、后次宾；③ 先长辈、后晚辈；④ 先女士、后男士；⑤ 先职位高者、后职位低者。

敬茶礼仪

奉茶时，应当注意茶勿斟满、左下右上、右侧递上和适时续茶的要领。

注　意

我国传统的待客礼仪中有"上茶不过三杯"一说：第一杯为敬客茶；第二杯为续水茶；第三杯为送客茶。若一再劝人用茶，却无话与人交谈，则往往意味着提醒来宾"应该打道回府了"。

三、送别礼仪

（一）热情挽留

当客人提出告辞时，主人一定要热情挽留。在热情挽留之后，若客人执意要走，则应等客人起身后，再起身相送。切忌在客人刚提出告辞时就积极地起身送客，或者以某种动作、表情暗示送客之意。

（二）礼貌相送

客人辞行时，主人应与之握别，对其来访表示感谢，请其多多包涵接待工作的不妥之处，道惜别之语（如"慢走""常联系""欢迎再来"等）并礼貌相送。对于本地的客人，一般应将其送到门口、电梯口、楼下或其乘坐车辆的驶离之处，目送客人离去，待对方完全离开视线后，才能返回；对于远道而来的客人，则应将其送至车站、码头或机场等处，待对方离开后，才能返回。

第三章　馈赠与受赠礼仪

第一节　馈赠礼仪

俗话说："礼多人不怪。"礼物在商务交往中起着不可估量的作用。很多公司都会在节假日或一些特殊的日子，向有着业务往来的公司赠送礼物，以巩固和发展双方之间的关系。

一、赠礼的原则

（一）礼物轻重要得当

一般来讲，礼物太轻，意义不大，对别人有失尊重；礼物太贵重，又会使受礼者有受贿之嫌，特别是对上级、同事更应注意。因此，礼物的轻重选择应以对方能够愉快接受为尺度。

（二）送礼间隔要适宜

赠礼的时间间隔也很有讲究，过于频繁或间隔时间过长都不合适。一般来说，以选择重要节日、喜庆、寿诞送礼为宜，这样既不显得突兀虚套，又能使受礼者心安理得，两全其美。

（三）了解风俗禁忌

各国礼物禁忌

赠礼前应了解受礼者的身份、爱好、民族习惯，以免对对方有失尊重，影响双方的友好关系。例如，不要给中国人送钟，因为"钟"与"终"谐音，让人觉得不吉利；德国人认为郁金香是没有感情的花；日本人不喜欢饰有狐狸图案的礼品，因为在日本，狐狸是贪婪的象征；在阿拉伯国家，酒类不能作为礼品；在欧美国家，一瓶葡萄酒就是很好的礼物；法国人讨厌别人送菊花，因为在法国，只有葬礼上才用菊花；在英国，受礼者不喜欢有送礼人公司标记的礼品。

（四）礼品要有意义

古语说："礼轻情谊重。"任何礼物都表示送礼人的特有心意，或酬谢、感情沟通等。所以，所赠礼品必须与心意相符，并要使受礼者觉得礼物非同寻常，倍感珍贵。实际上，最好的礼品应该是根据对方兴趣爱好选择的富有意义、耐人寻味、品质不凡的礼品。因此，选择礼物时要考虑其思想性、艺术性、趣味性、纪念性等多方面的因素，力求别出心裁、不落俗套。

（五）讲究礼品包装

赠礼时，应选择合适的包装对礼品略加修饰，使礼品在外观上显得更加精致、高雅，令人赏心悦目，并使受赠者对礼品产生一种探究和好奇心理，同时更加重视礼品的内在价值。相反，如果赠礼时不讲究礼品包装，则不仅会使礼品在外观上逊色，而且会使其内在价值大打折扣，无谓地折损礼品所寄托的情意。

二、赠礼的技巧

（一）借花献佛

如果送土特产品，可以说是家里人捎来的，目的是分一些给对方尝尝鲜；或者说东西不多，自己没花钱，又不是特意买的。这样，受礼者的拒礼心态就会有所缓和，从而收下礼品。

（二）暗渡陈仓

如果送是酒一类的东西，不妨假借说是别人送了两瓶酒，想和对方对饮共酌，这样喝一瓶送一瓶，礼送了，关系也近了。

（三）借马引路

如果想给人送礼，却又与对方拉不上关系，不妨选择对方的生日、婚礼或升职、乔迁之时，邀上对方的几位熟人同去送礼祝贺，受礼者便不好拒收了。

（四）先说是借

若送的是物，不妨说"这东西在我家摆着也是摆着"，让他拿去先用，日后再还；若送的是钱，可以说让对方先拿些去应急，以后再还，只要你不催着他还，时间长了也变成送了。这样可减少受礼者的心理负担，送礼的目的便也达到了。

（五）借路搭桥

可以在赠礼的时候对受礼者说是以出厂价、批发价、优惠价买下的，象征性地向受礼者收一些费用，收到的效果与送礼一般无二。受礼者因交了钱，收礼时便会心安理得。

三、赠礼的方式

一般来说，赠礼的方式主要有以下几种：

（1）直接送给受礼者。

（2）交给秘书或前台代转（注意包装）。

（3）快递。

（4）委托与受礼者关系亲密且放心的第三者代送。

四、赠礼的场合

选择赠礼的场合时，同样要考虑对方所在国家或地区的风俗习惯。例如，对英国人最好是在请人用完晚餐或看完戏之后进行；对法国人则在下次重逢之时为宜。不过有一点各国是一致的，即在初次见面就以礼相赠有失妥当，甚至被认为是贿赂，因此，一般可以选择对方的某个喜庆活动或在之后的登门拜访中赠礼。

第二节　受赠礼仪

一、受礼礼仪

受礼者接受礼物时，应注意以下礼仪。

（一）握手致谢

在各种交往活动中，当接受宾朋的礼品时，应恭敬有礼地双手接过，并握手致谢。

（二）适当赞美

许多欧美人喜欢别人接受礼品时，打开包装亲眼欣赏并赞美一番。此时，我们可仿效他们的做法，适时赞誉礼品，以表示自己的感谢之情，同时也是对赠礼者的尊重。

（三）及时致谢

收到赠礼者寄来的或派人送来的礼品时，应及时回寄一张名信片或发 E-mail，以示谢意。

二、回赠礼仪

礼尚往来是人之常情，但要把握分寸、把握时机。

(一)还礼的时间

还礼的时间切勿过早,也不要太迟。过早会让人以为是"等价交换"或"划清界限";如果拖延太久,等事情完全冷淡了再还礼,效果也不好。一般来说,还礼的时间与赠礼的时间一样:一是在对方或其家人的某个喜庆活动;二是在此后登门拜访时。

(二)还礼的形式

还礼也要选择得体的形式,最好以别人能接受的形式为宜。一般来说,还礼的形式有以下几种:

(1)赠送同类物品。例如,你送我笔,我可以送你书。

(2)选择和对方相赠礼品价格差不多的物品作为还礼。

(3)用某种意在向对方表示尊重的方式来代替,不必非要还礼。例如,在受礼后,可以口头上向对方致谢或给对方写感谢信或卡片;或者见面的时候使用对方的赠礼等。

第四章　商务信函礼仪

第一节　书　信

书信是一种向特定对象传递信息、交流思想感情的应用文书。商务活动中使用书信，不仅可以传达自己的思想感情，而且能给收信人以"见字如面"的亲切感。

一、书信的结构

书信由笺文和封文两部分构成。完整的书信应该是笺文、封文俱全，并且将笺文装入写好封文的信封内，然后将口封好后再寄出的。

（一）笺文

笺文即写在信笺上的文字，也就是寄信人对收信人的招呼、问候、对话、祝颂等。笺文是书信内容的主体，书信的繁简、俗雅及其他方面的风格特征，几乎都由内容主体决定。

就总体来讲，笺文由以下几个部分组成。

1. 称呼

称呼是写信人对收信人的尊称，主要依据相互间的隶属关系、亲疏关系、尊卑关系、长幼关系等而定，一般都以"敬语＋称谓"的形式组成，如"尊敬的王总经理""亲爱的刘主任"等。称呼单独占行，顶格书写，后面加冒号。

2. 启词

启词是笺文的起首语，可有多种表示法，如问候式的"您好""别来无恙"等，思怀式的"久不通信，甚为怀想"等，赞颂式的"新春大吉""开张大吉"等，承前式的"贵公司×月×日赐函已悉"等。

此外，公务书信的启词还可用兹因、兹悉、兹介绍、兹定于、值此、据了解、据报、据查实等一系列公文用语，以提领全文。启词一般在称呼下面另起一行，前空两格。

3. 正文

正文是书信的主体，是书信能否达到写信人理想效果的关键。公务书信应该一文一事，正文要清楚、明了、简洁，并注意情感分寸，不应有昵亵轻狂之嫌，也不可显侮蔑轻慢之意。正文在启词下面，另起一行空两格写。

  4．酬应过渡

  正文结束时，可写几句酬应性的话作为全文的过渡，如"我方相信，经过此次合作，双方的友谊将有进一步发展""再次表示衷心的感谢""代向公司其他同志问候"等。

  有时，公务书信也可用结语过渡，如"特此说明""特此致歉""敬请谅解""承蒙惠示""不胜荣幸""不胜感激"等。

  5．祝颂词

  由于写信人与收信人的关系以及书信内容有所不同，祝颂词的写法也多种多样。有时，往往用简单的一两句话，写明希望对方答复的要求，如"特此函达，即希函复。"；或者用祝愿或致敬的话来表示，如"此致敬礼""敬祝健康"等。

  祝颂词一般分两行书写，"此致""敬祝"可紧随正文，也可和正文空开；"敬礼""健康"则应转行顶格书写。

  6．签署

  书信的签署最好是写信人的全名，如"××部主任张金水""××公司经理王富成"等；不能只签个姓氏或习惯称呼，如"老王、小王、小李、张主任、赵经理"等。

  现在，许多书信都以计算机制成，但即使已打印了姓名，仍应再以手书签署一遍，这既表信用，亦示诚意。对某些特殊对象，署名后应加上具名语，如"谨上、谨呈、敬述"等，以表示对收信者的尊重。以单位名义发出的商业信函，署名时可写单位名称或单位内具体部门名称，也可同时署写信人的姓名。

  7．日期

  书信中的日期必须准确，以表现出写信人的态度。写信日期一般写在署名的下一行或同一行偏右下方位置。

（二）封文

  封文即写在信封上的文字，包括收信人的地址、姓名和寄信人的地址、姓名等。封文是写给邮递人员看的，使邮递人员知道信从哪里来，寄往哪里去；万一投递找不到收信人，还能将信退给寄信人。

二、撰写书信的原则

（一）必要性原则

  撰写书信时，首先要考虑写的需要程度。除非写信是达成目标的最佳方式，否则不要轻易送出信件。

（二）信息清晰易懂，简短扼要的原则

  即书信必须表达清楚，原则上以一页纸的篇幅为宜。

（三）姓名和职衔准确的原则

需提及对方单位名称、业务头衔或特殊职称时，要使用正确的格式。如信息不明确，可以致电对方核实具体情况；不方便直接致电对方时，可通过其他人员（如助理、秘书）核准。

（四）整洁性原则

即合理安排整体布局结构，并注意字体、间距和留白等问题。如果一封信写得潦草、拥挤、涂涂抹抹，可能会导致收信人无心阅读。

（五）信笺与信息相配原则

针对不同的内容和写作目的，要采取不同的辅助方式。如果传达的是严肃的信息，信笺和信封应当使用正规的样式，慎用带有奇特图案、鲜艳印花的信笺。

（六）句法和标点准确的原则

撰写书信时要思路清晰，段落分明，规范使用标点符号。尤其要注意不能使用"！！！"或"？？？"这样的符号，因为它会增加收信人的压迫感。

（七）附件齐备原则

书信中如有提及附加档案或资料，应将这些附件备齐，一同装进信封。

第二节　请柬和邀请信

一、请柬

（一）请柬概述

请柬也称请帖，是为邀请公众参加庆典、宴会、展览、纪念会、重要会议等活动而专门制作的通知书。

请柬属于礼仪类书信中的一种，是出于对客人的敬意而发出的正式邀请书。它在处理人际关系、开展公关活动中具有较为重要的作用。

（二）请柬的结构

请柬主要由标题、正文、结尾、落款四部分组成。

◇ 标题：即"请柬"二字，一般书写或打印在封面上。

- 正文：内容包括被邀请人的姓名（含身份），被邀请参加活动的名称，活动举行的时间、地点，相关注意事项等。
- 结尾：空两格写上"敬请""恭候"字样，再另起一行顶格写上"光临""莅临"字样。
- 落款：位于右下方，由发请柬者署名，并另起一行写明日期。

例 文

请　柬

××先生：

　　为欢迎××贸易代表团访问红豆公司，谨定于××××年××月××日（星期×）下午7点在××市××区××路××号举行晚宴。

　　敬请

光临

红豆公司总经理×××
××××年××月××日

（三）请柬礼仪

请柬的礼仪主要表现在请柬的制作、发送上。其具体内容如下：

（1）请柬的款式和装饰要美观、精巧，既显庄重大方，又使人感到亲切愉悦，最好是具有一定的保存价值。

（2）请柬的书写要规范，即按照请柬的基本格式和内容要求来书写。在语言上，力求达雅兼备。其中，"达"，就是要求语言表达准确、通顺流畅；"雅"，就是要求文辞热情、友好，又显出典雅风格。

（3）妥善安排请柬的递送，即适时发出请柬，让客人做好赴约准备。一般来说，应根据活动的内容和日程来确定递送时间，由专人负责。

二、邀请信

（一）邀请信概述

邀请信又称邀请书，是一种适用于专题活动的特殊请柬。

邀请信是组织为了举办某种活动而向有关人士（或单位）发出的请求参与的书面材料。与一般的请柬相比，邀请书篇幅较长，内容丰富，包含的信息量较大。

（二）邀请信的结构

邀请信主要包括标题、称谓、正文、祝词、落款5个部分。

- ◇ **标题**：表明活动的主题概况。
- ◇ **称谓**：即对被邀请对象的称呼，在标题下一行顶格书写。
- ◇ **正文**：是邀请信的主体部分，主要说明举办此次活动的原因、意义、设想，以及对被邀请者的要求等。
- ◇ **祝词**：是结尾所用的客套话，一般用"此致敬礼"即可。
- ◇ **落款**：位于邀请书的右下方，注明举办活动单位的名称，写明时间，并加盖公章。

例 文

××工厂投产仪式邀请信

×××：

　　本公司新建工厂预定于2011年1月1日开始投产，特邀请阁下届时亲临指导。

　　新工厂的投产对本公司来说，是一个极其重要的里程碑，也是海内外对本公司产品需求增长的结果。应邀人员都对公司的成功做出了很大贡献，相信阁下会赏光的。本公司将在××饭店举行午餐，随后是开幕式和参观工厂，晚上举行酒宴。阁下能否参加，敬请来函确认并告知抵达时间，以便安排，阁下1月1日晚上停留一夜的费用由我方支付。

　　此致

敬礼

×××敬上
×年×月×日

（三）邀请信礼仪

撰写邀请信时，标题要凝练，称呼要有礼貌，正文语言要根据所反映的内容而体现出不同的语言风格，或朴实恳切，或激昂热情，不可模式化、套路化，同时必须将活动的内容、意义及参加者的任务和注意事项交代清楚。

邀请信在制作上要正规，如果内容、份数较多，最好用打印的方式，既节省时间和人力，又显得美观。

此外，发送邀请信时也要注意选择时间，近距离可派专人送达，远距离则可通过邮局或物流公司投递。

第三节 聘 书

一、聘书概述

聘书也称聘请书或聘任书,是指行政机关、企事业单位或社会组织聘请有关人员担任职务或完成某项任务时所制作的一种特殊的应用性文书。

二、聘书的结构

聘书主要由标题、称谓、正文、落款 4 个部分组成。

- 标题:即"聘书"或"聘请(任)书"字样,一般位于聘书内页正中位置。
- 称谓:即受聘人的姓名,也可加上职务或职称,在标题下一行顶格写。
- 正文:主要写聘请担任何职务或做何工作,任期、权限、待遇如何,以及对聘请对象的期望等内容。
- 落款:在正文空两行的右侧注明聘请单位名称或组织法人代表的姓名并加盖公章,然后另起一行,在落款的下方写明聘书发出的具体日期。

例 文

> 聘 书
>
> 兹聘请×××同志为"××省第三届服装设计评比展览会"评委。
>
> ××省经济委员会(盖章)
> ××省服装技术协会(盖章)
> ××××年××月××日

三、聘书礼仪

(1)聘书的制作要正规、庄重,能给人增添荣誉感和责任感。

(2)要适当把握聘书的写作格式,如称呼被聘请人时要谦恭;在写作正文时表达要简练,用语要准确。

(3)聘书的发送和授予要选择恰当的时间和庄重的场合。

第四节　贺　卡

贺卡主要分贺年卡（圣诞卡）和生日卡两大类，每逢节庆日来临，亲友同事及单位团体之间都可通过贺卡来表达问候及交流感情。另外，贺卡还包括专门为某一重要活动和仪式设计的卡片，如为庆贺酒店开业或贸易博览会开幕等而特别设计的卡片。

作为一种特定的礼仪卡片，贺卡本身富有雅致的图案和祝愿节日快乐的深情词句（当然也可自己撰写），因而只需签上名或盖上组织的公章，装入特制的信封，就可以或送或寄给对方。

第五节　商务启事

商务启事是公司或其下属部门有重要事情向公众宣布，或请求有关部门、员工给予帮助时所撰写的一种应用性文体，属于广义的广告范畴。

一、商务启事的结构

商务启事在结构上可分为标题、正文、落款3个部分。

- 标题：可在文首部分直书"启事"二字，以此作标题；也可在启事前明确标出内容，如"搬迁启事"。
- 正文：要把具体事情交代清楚，言辞要恳切，结束时可用惯用语"特此启事"作结束，也可自然结束全文。
- 落款：写明公司名称或个人姓名，如有必要，还应注明联系电话、地址、邮政编码、日期等相关内容。

二、商务启事的设计和印刷

设计商务启事应以醒目、大方为主，标题部分可用鲜艳的色彩、新颖的字体来调动阅读者的积极性，正文部分字体大小适中，而电话、地址等相关内容应当特别强调，以吸引读者的注意。此外，还应注意商务启事的设计用纸、设计篇幅、内容安排、信封设计等方面的问题。

- 设计用纸：商务启事反映着公司的形象，因此，所用的纸质要好，设计要出色。
- 设计篇幅：商务启事的尺寸不应该太大，重量不要超过印刷邮资的最低限度，

以免增加成本。

- ◇ **内容安排**：以简洁明了为佳，但一定要讲明意图。
- ◇ **信封设计**：信封上的名字和地址可打印也可手写，但不能贴标签。

例 文

> **房屋出租启事**
>
> 　　北京市海淀区××号 500 m² 临街写字间，最近装饰一新，诚招国内外商家、厂家、公司、办事处租赁。
>
> 　　北京市海淀区××号地处海淀区最繁华之地，四面临街，交通四通八达，商机无限，人气最旺，一旦拥有，回报丰厚，是一切精明有为的客商施展经营才华、大显从商身手的理想场所。另外，院内还有 200 m² 的停车场出租。
>
> 　　有意者请速与××小姐联系。
>
> 　　电话：××××
>
> 　　地址：北京海淀区××号

第六节　商务电子邮件

电子邮件是指利用计算机所组成的互联网络，向交往对象发出的一种电子信件，它具有方便快捷、费用低、容量大等优点，是现代商务办公的常用方式之一。对于从事经营活动的企业来说，一封专业而礼貌的电子邮件可以给人留下深刻的影响，并可以对业务产生积极影响。

一、撰写的注意事项

在写商务电子邮件时，应注意以下几个方面的问题。

（一）恰当地称呼收件者，拿捏尺度

邮件的开头要称呼收件人，这既表示礼貌，也明确了收件人。如果对方有职务，应按职务尊称对方，如"××经理"；如果不知道或不确定其职务，则应按通常的"××先生""××女士"称呼，但注意不要把性别弄错。

在英文邮件中，如果用 first name 称呼，可以不用头衔，如 Dear Neil，但是这种形式常用于朋友之间，或者是通信数次后，对方提出如此要求；如果用姓氏，则前面

至少要加 Mr 或 Mrs。

（二）正文要简明扼要，行文通顺

邮件正文的撰写应简明扼要，如果内容过多，正文可作摘要介绍，另将详细内容作附件处理；正文应多用短句，准确表达。

（三）注意论述语气

邮件中应多用"请""谢谢"之类的用语，还应根据收件人与自己的熟悉程度、关系亲疏来选择恰当的语气，以免引起对方不适。

（四）一次邮件交待完整信息

一次邮件完成一件事情，这就要求发件者要深思熟虑，处理问题全面而周详，不要连发"补充"或者"更正"之类的邮件，以免给收件人造成困扰。

（五）尽可能避免拼写错误和错别字

这是对别人的尊重，也是自己态度的体现。如果是英文邮件，最好把拼写检查功能打开；如果是中文邮件，应注意不要出现同音别字。在邮件发送之前，务必自己仔细阅读一遍，检查行文是否通顺，拼写是否有错误。

（六）合理提示重要信息

在邮件中，合理的提示是必要的，如用大写字母、粗体、斜体、颜色字体、加大字号等方式对一些信息进行提示，但要注意提示不宜过多，以免对方抓不住重点，影响阅读。

（七）合理利用图片、表格等形式来辅助阐述

对于很多带有技术介绍或讨论性质的邮件，单纯以文字形式很难描述清楚。此时，可以配合图表加以阐述。

（八）注意结束语

英文邮件常以"Best Regards＋署名"结尾，中文邮件常以"祝您顺利"之类的祝颂词结尾。

二、接收与回复的注意事项

（一）定期查看

应定期查看收件箱是否有新邮件，以免遗漏或耽误重要邮件的阅读和回复。

（二）及时回复

应及时回复邮件。一般应在收件当天予以回复，若涉及较难处理的问题，可先发邮件或者打电话告知对方邮件已收到，将择日再予以具体回复。若由于特殊原因未能及时查阅和回复邮件，应迅速补办具体事宜，尽快回复对方，并致以歉意。

（三）紧扣主题

回复邮件时，必须扣紧对方来信的主题，尽量避免涉及非相关主题的言论。此外，要回复他人信件时，请使用"回复"功能，不要另起标题而造成对方的混淆。

 礼仪小贴士

> **转发邮件的注意事项**
>
> 在发送邮件之前，首先确保所有收件人都需要此消息。
>
> 转发敏感或机密信息要小心谨慎，不要把内部消息转发给外部人员或未经授权的接收人。
>
> 如果有需要，还应对转发邮件的内容进行修改和整理，以突出信息。
>
> 对外重要文件必须经高层主管认可签字转为 PDF 文件后再发送，或由高层主管亲自发送。
>
> 所有的电子邮件须再三检查后才能发出。

第五章　商务会议与仪式礼仪

第一节　会议礼仪

一、洽谈会礼仪

商务洽谈会又叫商务磋商会、商务谈判会，是指有关各方代表充分阐述己方的各种设想，听取他方的不同意见，并通过详细陈述己方的理由，反复与对方交换看法或做出某种让步，清除相互间的距离，最后各方取得一致，达成协议的商务。

（一）洽谈会的筹备

洽谈会前如何准备是影响洽谈成败的关键。在准备过程中，人员的配备、信息的搜集、目标的选择、计划的拟订都很重要，必须认真准备，为洽谈会的成功打下坚实基础。

1. 人员配备

为了使洽谈能顺利进行，必须按照对等原则配备相应的洽谈班子。洽谈班子中要有精通业务，有经济、法律头脑，能拍板成交的主谈人员，也要有懂业务、懂技术的专业人员和有洽谈经验的翻译人员，一般以4人为宜。一个精干、注重仪表、谈吐自如、举止得体的洽谈班子，不仅会给洽谈创造有利条件，同时也可表现出对对方的尊重。

2. 议程准备

洽谈议程是决定洽谈效率高低的重要一环，每次洽谈之前，都要对谈什么、何时谈、何地谈、如何谈、达到什么目的等问题进行周密安排，以免在礼仪上有不周之处。例如，洽谈地点如果选择在己方进行，作为东道主必须注重礼貌待客，邀请、迎送、接待、洽谈的组织工作等必须符合礼仪要求；如选择在洽谈对手所在地，则要入境随俗，了解当地的风俗人情，并要审时度势，灵活反应，争取主动。

（二）洽谈会上的礼仪

洽谈是一场知识、信息、心理、修养、口才乃至风度的较量，为了取得洽谈的成功，在洽谈会上要遵循一定的礼仪规范。

1. 座位安排

一般洽谈会以椭圆桌或长桌为宜，双方人员各自在桌子的一边就座。倘若将谈判桌横放，那么面对洽谈室正门的一侧为上座，应请客方就座；背对谈判室正门的一侧则为下座，应留主方就座。如谈判桌是竖放的，进门时的右侧为上座，由客方就座；左侧为下座，由主方就座。双方主谈人员应各自坐在己方一侧的正中间；副手或翻译坐在主谈人员右边的第一个座位；其他参谈人员以职位高低为序，依次"右一个，左一个，右一个……"地分别坐在主谈人员的两侧。

小规模的洽谈，可不放谈判桌，在室内摆放几把沙发或圈椅，按"以右为尊"的原则，客右主左，就座即谈；也可以交叉而坐，以增添合作、轻松、友好的气氛。

2．谈吐举止

洽谈人员的谈吐要轻松自如，举止文雅大方，谦虚有礼，不可拘谨慌张。见面后可稍加寒暄，宜谈些轻松的话题，如旅途经历、季节气候、文体表演、各自爱好或以往合作经历等，但开头的寒暄不宜太长，以免冲淡洽谈气氛。

3．衣着打扮

参加洽谈者在衣着打扮上要正式一些，以表示对洽谈的重视和充分的准备；如果是非正式洽谈，也可以穿得随便一些，给人以轻松、随和的感觉，这样显得更容易接近，有助于交流，取得共识。一般到豪华宾馆去洽谈，西装革履能够证明自己的身份和气度，使人感到心灵与环境的和谐，而不是自惭形秽；在普通的办公场所洽谈，可以穿得和平时上班一样，不用刻意打扮。

4．语言使用

洽谈人员在洽谈过程中要注意语言的规范性和灵活性，用语要清晰易懂，口语要尽可能标准，注意使用文明礼貌用语，体现自身的职业道德和商业形象。洽谈时应注意抑扬顿挫、轻重缓急，避免吐舌挤眼、语句不断、嗓音微弱或大吼大叫，无论出现什么情况都不能使用粗鲁、污秽或攻击性的语言。

5．提问方式

在洽谈中要礼貌地提问，问话方式要委婉，语气要亲切平和，用词要斟酌，不能把提问变成审问和责问。对需要提问的问题，应事先列好提纲，越详细越好；如果不做准备，贸然提问，是不尊重对方的表现。

一般提问的时机应选择在对方发言完毕之后、对方发言停顿间歇时、自己发言前后及在议程规定的辩论时间等进行提问。当对方回答问题时，提问者应耐心倾听，不能因为对方的回答没有使自己满意，就随便插话或任意打断对方的话。在一般情况下，插话应借助一些特定的套话来实现，如"对不起，我能打断您一下吗"或"请停一下"等。

6．礼貌回答

洽谈过程中，作为被提问者答话时，要本着真诚合作的态度，针对提问者的真实心理，实事求是地回答对方的提问，不能闪烁其词、态度暧昧或顾左右而言他。如果对方对某个问题不甚了解，应以浅显易懂的语言进行解释，切不可流露出不耐烦的神情；如有些问题涉及商业秘密和技术机密，则应委婉说明，避免出现令人尴尬和僵持的局面。

（三）洽谈的方针

洽谈过程中，双方人员的态度、心理、方式、手法等，都对洽谈构成重大的影响。因此，商务礼仪规定，商界人士在参加洽谈会时，首先要更新意识，树立正确的指导思想，并且以此来指导自己的洽谈表现，这就是所谓的洽谈方针。洽谈方针的核心，就是要求洽谈者以礼待人，尊重别人，理解别人。具体来说，它又分为以下5点。

1. 礼敬对手

礼敬对手，就是要求洽谈者在洽谈会的整个过程中，要排除一切干扰，始终如一地对自己的洽谈对手讲究礼貌，时时、处处、事事表现出对对方不失真诚的敬意。

2. 依法办事

就是要求洽谈者自觉地树立法制思想，在洽谈的全部过程中，提倡法律至尊。洽谈者所进行的一切活动，都必须依照国家的法律办事。

3. 平等协商

平等协商要求洽谈者注意两个方面的问题：一是要求洽谈各方在地位上平等一致、相互尊重；二是要求洽谈各方在洽谈中通过协商求得谅解，而不是通过强制、欺骗来达成一致。

4. 求同存异

在洽谈会上所达成的协议，对当事的有关各方只要公平、合理、自愿，只要尽最大程序维护或争取了各自的利益，就是可以接受的。

5. 互利互惠

一场洽谈会最圆满的结局，应当是洽谈的所有参与方都能各取所需，都取得了一定成功，获得了更大的利益。也就是说，商务洽谈首先是讲究利益均沾、共同胜利的，自己所获取的利益，不应当建立在有损对手或伙伴的基础上，而是应当彼此得利。

二、新闻发布会礼仪

新闻发布会，简称发布会，有时亦称记者招待会。它是一种主动传播各类有关的信息，谋求新闻界对某一社会组织或某一活动、事件进行客观而公正的报道的有效沟通方式。对商界而言，举办新闻发布会是联络、协调与新闻媒介之间的相互关系的重要手段。

（一）新闻发布会的筹备

筹备工作直接关系到发布会的成功与否。因此，要做好充分的准备工作，并遵守筹备礼仪。

1. 确定新闻发布会的主题

新闻发布会的主题即新闻发布会的中心议题。主题确定是否得当，往往直接关系到本单位的预期目标能否实现。新闻发布会的主题大致有以下两类。

（1）说明性主题，主要用于企业对外做出宣布决定，如企业推出新产品、企业的经营方针有所改变时，可使用该类主题。

（2）解释性主题，主要用于对所发生的事件进行解释，如企业产品质量出现问题、企业出现了重大事故时，可使用该类主题。

2. 选定新闻发布会举行的时机

时机选择是否理想，对新闻发布会的效果有着重要影响。适于举办新闻发布会的时机包括以下几个：

（1）公司及产品（服务）已成为公众关注问题的一部分。

（2）公司或其他成员已成为众矢之的。

（3）新产品上市。

（4）开始聘用某大腕明星为自己的产品作形象代言人。

（5）公司人员重大调整。

（6）公司扩大生产规模。

（7）公司取得良好的销售业绩等。

通常情况下，一次新闻发布会所使用的全部时间应当限制在 2 个小时以内；举行新闻发布会的最佳时间在周二至周四的上午 10 点至 12 点，或下午的 3 点至 5 点左右。

3. 确定新闻发布会举行的地点

发布会地点的选定同样对发布会的成功产生重要影响。企业可选择以下地点作为发布会地点：① 本单位所在地；② 事件发生地；③ 当地著名的宾馆、会议厅等。

此外，企业还应考虑发布会现场交通是否方便，采访条件是否优越，扩音、录音、录像、照明设备是否完好、齐备，座位是否够用等。

4. 确定邀请的对象

应根据新闻发布会的主题，确定邀请对象，并拟订详细的邀请名单，提前 7～10 天发出邀请，临近开会时还应打电话联系落实。

新闻记者是新闻发布会的主宾，邀请哪些记者参加应根据新闻发布会的性质而定。如果是为了扩大影响和知名度,可以邀请多种类、多层次的记者;如果只是进行宣传解释,则邀请面可小些。此外,广告公司、客户、同行等也是受邀请的对象。

5. 选择新闻发布会的参加人员

新闻发布会的主办方必须做好有关人员的安排工作。

(1)主持人。新闻发布会的主持人大都由主办单位的办公室主任或秘书长、公关部部长担任。主持人的基本条件是:仪表端庄、见多识广、反应灵活、语言流畅、幽默风趣,善于把握大局,善于引导提问,并具有丰富的会议主持经验。

(2)发言人。新闻发布会的发言人是会议的主角,通常由本单位的领导人担任,因领导人对本单位的方针、政策及各方面情况比较了解,由他们回答记者的提问更具说服力和权威性。发言人代表公司形象,必须具备以下条件:第一,要有有效传播与沟通的能力,包括广博的知识面、清晰准确的语言表达能力、倾听的能力及反应力、良好的个人形象等。第二,身居要职。新闻发布会的发言人应有较高职务,有权代表公司讲话。

(3)主持人与发言人的配合。新闻发布会上,主持人与发言人要配合默契,既要分工明确,又要彼此支持。主持人主要是主持会议、引导提问,发言人主要是做主旨发言、答复提问。

(4)接待人员。除了要慎重选择主持人、发言人之外,还应精选一些人员负责会议现场的接待工作。

此外,为了宾主方便,主办方所有正式出席新闻发布会的人员,都应佩带统一制造的姓名胸卡,其内容包括姓名、单位、部门、职务等。

6. 准备会议材料

在新闻发布会开始前,企业应准备好以下材料。

(1)发言稿。发言稿是发言人在新闻发布会上进行正式发言的发言提纲,它既要紧扣主题,又要全面、准确、真实、生动。

(2)回答提纲。为使发言人在现场回答问题时表现自如,可事先预测一下记者将要问到的问题,并准备好答案,以使发言人心中有数,必要时予以参考。

(3)报道提纲。为了方便新闻记者在进行宣传报道时抓住重点,主办单位可事先将报道重点、有关数据、资料编印出来,作为记者采访报道的参考资料。在报道提纲上,应列出单位名称、联络电话、传真号码和网址等,以供新闻记者核实之用。

(4)其他辅助材料。最好在新闻发布会的现场准备一些可以强化会议效果的形象直观化视听材料,如图片、实物、模型、录音、录像、影片、幻灯和光碟等,以增强发言人的讲话效果,加深与会者对会议主题的认识和理解。

7. 预算会议所需费用

即根据新闻发布会的规格和规模做出可行的经费预算。费用项目一般有场租、会场布置、印刷品、茶点、礼品、文化用品、音响器材等方面的支出，以及邮费、电话费和交通费等，需要用餐时还应加上餐费。

8. 其他准备工作

包括会场的布置、音响设备的调试、礼品的准备、座次的安排、工作人员胸卡的制造，以及与会人员的仪态举止训练等。

（二）新闻发布会会中礼仪

新闻发布会的成功举办需要与会人员的共同努力，只有每个人各尽其职，遵守会议礼仪，才能达成发布会预期目的。尤其是主持人和发言人，更应注意个人礼仪。

（1）主持人应充分发挥其主持者和组织者的作用，言谈庄重而幽默，能把握会议议题，掌握会议时间，活跃会议气氛。

（2）发言人讲话应简明扼要、重点突出、清晰流畅，对记者提问要回答诚恳而巧妙。

（3）各位发言人在重大问题上要统一口径，切忌说法不一，且发布的信息必须准确无误，发现错误应立即更正，对于不便发表和透露的内容，应委婉地做出解释。

（4）不要随意打断记者的发言和提问，对各方记者要一视同仁，尊重他们的劳动，以礼相待，以诚相待，不能厚此薄彼。

（5）注意仪表修饰。按惯例，主持人、发言人要进行必要的化妆，并且以淡妆为主。男士宜穿深色西装套装、白色衬衫、黑袜黑鞋，打领带；女士则宜穿单色套裙、肉色丝袜、高跟皮鞋。在面对新闻界人士时，主持人、发言人都要注意做到举止自然而大方，要面带微笑，表情自若，坐姿端正。

 礼仪小贴士

在新闻发布会中牢记下列"不要"

不要对前来参加新闻发布会的记者厚此薄彼；

不要使用行话，避免别人听不懂；

不要推卸责任，即使确定组织不负主要责任，也要婉转说明，对责任的界定由法院或仲裁机构认定；

不要发布不准确的信息；

不要求记者一定刊登什么或不刊登什么；

不要拒绝回答记者提问，即使不能回答也要说明原因；

不要抱怨组织领导或同事以前如何如何等；

如果组织没有什么可以隐瞒的，不要轻易采取低姿态等。

三、赞助会礼仪

所谓赞助，通常是指某一单位或某一个人拿出自己的钱财、物品，来对其他单位或个人进行帮助和支持。在现代社会中，赞助乃是社会慈善事业的重要组成部分之一。单位或个人积极地、力所能及地参与赞助活动，本身就是进行商务活动的一种常规形式，而且也是协调本单位与政府、社会各界的公共关系的一种重要手段。为了扩大影响，商界在公开进行赞助活动时，往往会专门为此举行一次规模的正式会议，这种以赞助为主题的会议，即为赞助会。

依照常规，赞助会时间不宜过长。因此赞助会的具体会议过程必须既周密，又紧凑。赞助会的具体会议过程，大致上共有如下六项。

（一）宣布赞助会正式开始

赞助会的主持人，一般应由受赞助单位的负责人或公关人员担任。在宣布正式开会前，主持人应恭请全体与会者各就各位，保持肃静，并且邀请贵宾到主席台上就座。

（二）奏国歌

此前，全体与会者须一致起立。在奏国歌之后，还可奏本单位标志性歌曲。有时，奏国歌、奏本单位标志性歌曲，可改为唱国歌、唱本单位标志性歌曲。

（三）赞助单位正式实施赞助

通常是赞助单位的代表首先出场，口头上宣布其赞助的具体方式或具体数额。随后，受赞助单位的代表上场，双方热情握手。接下来，由赞助单位的代表正式将标有一定金额的巨型支票或实物清单双手捧交给受赞助单位的代表。必要时，礼仪小姐应为双方提供帮助，若赞助的物资重量、体积不大时，亦可由双方在此刻当面交接。在此过程之中，全体与会者应热情鼓掌。

（四）赞助单位代表发言

代表的发言内容应重在阐述赞助的目的与动机。与此同时，还可以对本单位的简况略作介绍。

（五）受赞助单位代表发言

此刻的发言者，一般应为受赞助单位的主要负责人或主要受赞助者。其发言的中心，应当集中在对赞助单位的感谢方面。

（六）来宾代表发言

根据惯例，可邀请政府有关部门的负责人讲话。他的讲话主要是肯定赞助单位的义举，同时亦可呼吁全社会积极倡导这种互助友爱的美德。该项议程，有时亦可略去。至此，赞助会即可宣告结束。

在赞助会正式结束后，赞助单位、受赞助单位双方的主要代表以及会议的主要来宾，通常应当合影留念。此后，宾主双方可稍事晤谈，然后来宾即应一一告辞。在一般情况下，在赞助会结束后，主办方大都不为来宾安排膳食。如确有必要，则至多略备便餐，而绝对不宜设宴待客。

四、展览会礼仪

所谓展览会，主要是特指商务活动中有关方面为了介绍本单位的业绩，展示本单位的成果，推销本单位的产品、技术或专利，而以集中陈列实物、模型、文字、图表、影像资料等所组织的宣传性聚会。

展览会在商务交往中往往发挥着重大的作用。它不仅具有甚强的说服力、感染力，可以现身说法打动观众，为主办单位广交朋友，而且还可以借助于个体传播、群体传播、大众传播等各种传播形式，使有关主办单位的信息广为传播，提高其名气与声誉。展览会礼仪，通常是指商界单位在组织、参加展览会时，所应当遵循的规范与惯例。

展览会的工作人员除了要具备良好的素质、明确办展览的目的和主题、了解展览的知识和技能、具备与展览产品有关的专业素质外，还要懂得礼仪，从各自不同的角度影响公众，使公众满意。同时，参展单位需在正式参加展览会时，要求派出人员齐心协力、同心同德，为大获全胜而努力奋斗。

（一）主持人礼仪

主持人是展览会的操纵者，其形象就是组织实力的一种体现，所以应该表现出决定性人物的权威性。在着装上，要穿西服套装、系领带，携带公文包，以显示出气派的样子，使公众也对其主持的展览会和产品产生信赖感。与宾客握手时，主持人应先伸出手去，等宾客放手后再放手。

(二)讲解员礼仪

讲解员应热情礼貌地称呼公众,讲解流畅,不用冷僻字,让公众听懂;介绍内容时要实事求是,不弄虚作假,不愚弄听众;语调清晰流畅,声音洪亮悦耳,语速适中。解说完毕,应对听众表示谢意。此外,讲解员的着装要整洁大方,打扮自然得体,不要因怪异和过于新奇而喧宾夺主。

(三)接待员礼仪

接待员站着迎接参观者时,应双脚略微分开,与肩同宽,双手自然下垂或在身后交叉,这种站姿不仅大方而且有力;站立时切勿双脚不停地移动,表现出内心的不安稳、不耐烦,也不要一脚交叉于另一只脚前,因为这是不友善的表示。此外,接待员要随时与参观者保持一定的目光距离,目光要坚定,不可游移不定,也不可眼看别处,以显示出坦然和自信;而不可随心所欲地趴在展台上或跷二郎腿、嚼口香糖。

第二节 仪式礼仪

一、庆典仪式礼仪

庆典是对各种庆祝仪式的统称。在商务活动中,商务人员参加庆典仪式的机会是很多的,既有本单位的庆典仪式,也有可能应邀出席外来单位的庆典仪式。

(一)庆典仪式分类

商业活动中的庆典仪式大致分为以下几类。

(1)单位成立周年庆典。通常,讲究"逢五"、"逢十",即在单位成立五周年、十周年及其倍数时进行。

(2)单位获得荣誉的庆典。当单位荣获了某项荣誉称号、单位的"拳头产品"在国内外重大展评中获奖之后,均会举行此类庆典。

(3)单位取得重大业绩的庆典。例如,百日无生产事故、房地产盛大开盘、生产某种产品的数量突破××万台时,均会举行庆典仪式。

(4)单位取得显著发展的庆典。当单位建立集团、确定新的合作伙伴、兼并其他单位、分公司或连锁店不断发展时,自然都值得庆祝一番。

(二)组织庆典的礼仪

组织筹备一次庆典,首先要做出一个总体的计划。商务人员如果受命完成这一任务，需要记住两大要点：一要体现出庆典的特色，二是要安排好庆典的具体内容。

庆典既然是庆祝活动的一种形式，那么它就应当以庆祝为中心，把每一项具体活动都尽可能安排得欢快、热烈而隆重。不论是举行庆典的具体场合、庆典进行过程中的某个具体场面，还是全体出席者的情绪、表现，都要体现出红火、热闹、欢愉、喜悦的气氛。只有这样，才能够体现庆典的主旨。

1. 确定庆典的出席人员名单

要确保庆典的出席者能够如约赴会，名单中要体现出席者的意愿，不能使对方勉为其难。确定庆典的出席者名单时，始终应当以庆典的宗旨为指导思想。一般来说，庆典的出席者通常应包括如下人士。

（1）上级领导。地方党政领导、主管部门的领导，大都对单位的发展给予过关心、指导。邀请他们参加，主要是为了表示感激之心。

（2）社会名流。根据公共关系学中的"名人效应"原理，社会各界的名人对公众最有吸引力，能够请到他们，将有助于更好地提高本单位的知名度。

（3）大众传媒。在现代社会中，报纸、杂志、电视、广播等大众媒介，被称为仅次于立法、行政、司法三权的社会"第四权力"。邀请它们，并主动与它们合作，将有助于它们公正地介绍本单位的成就，进而有助于加深社会对本单位的了解和认同。

（4）合作伙伴。在商务活动中，合作伙伴经常是同呼吸、共命运的。请他们来与自己一起分享成功的喜悦，是完全应该的，而且也是绝对必要的。

（5）社区关系。社区关系是指那些与本单位共居于同一区域、对本单位具有种种制约作用的社会实体，如本单位周围的居民委员会、街道办事处、医院、学校、幼儿园、养老院、商店以及其他单位等等。请它们参加本单位的庆典，会使对方进一步了解本单位、尊重本单位、支持本单位，或是给予本单位更多的方便。

（6）单位员工。员工是单位的主人，本单位取得的每一项成就，都离不开他们的兢兢业业和努力拼搏。所以在组织庆典时，是不应该将他们忽略的。

以上人员的具体名单一旦确定，就应尽早发出邀请或通知。鉴于庆典的出席人员甚多，牵涉面极广，原则上不得将庆典取消、改期或延期。

2. 接待来宾

接待来宾时，要热情地照顾好全体来宾，使来宾感受到主人真挚的欢迎和敬意。

为达到更为理想的工作效果，可成立专门的筹备组。根据具体需要，筹备组可下设若干专项小组，如财务、会务、公关、礼宾等，各司其职，各尽其能。筹备组的具体工作如下。

（1）迎送宾客，即在举行庆祝仪式的现场迎接和送别来宾。

（2）引导宾客，专人负责为来宾带路，将其送到既定地点。

（3）陪同宾客，对某些高龄宾客或贵宾，应安排专人陪同始终，以便关心与照顾。

（4）招待宾客，指派专人为来宾呈送饮料、点心及作其他方面的照应等。

3. 布置举行庆祝仪式的现场

举行庆祝仪式的现场是庆典活动的中心地点，其安排、布置是否妥当，直接关系到出席者对庆典活动乃至于单位印象的好坏。依据仪式礼仪的有关规范，在布置举行庆典仪式的现场时，要考虑以下几个问题。

（1）地点的选择。根据庆典的规模、影响力和本单位的实际情况来选定具体地点，如单位的礼堂、会议厅、广场或者外借的大厅等。如果在室外举行庆典，则要考虑环境的影响、宣传的效果、交通的便利等问题。

（2）环境的美化。即着力于美化庆典现场的环境。为烘托出隆重、喜庆的气氛，可在现场张灯结彩，张挂与庆典内容相关的大型横幅等。

（3）场地的大小。在选择庆典仪式的现场时，应当遵循适用原则。现场的大小应与出席者人数的多少成一定比例，人多地大，人少则地小。

（4）音响的准备。即提前准备好音响设备，尤其是供宾客致辞用的麦克风和传声设备，要确保其处于正常状态。在庆典前后，应播放一些欢快而喜庆的乐曲。

4. 拟定庆典的具体程序

一次庆典的成功与否，与其具体的内容安排关系密切。仪式礼仪规定，拟定庆典的程序时，必须坚持两大原则：

（1）时间宜短不宜长。为了确保活动的良好效果，也为了尊重全体出席者，庆典的时限以 45 分钟以内为佳。

（2）程序宜少不宜多。程序过多，不仅会加长时间，而且还会分散出席者的注意力，并给人以庆典内容过于凌乱之感；程序少，易于组织，突出效率。

（三）庆典的程序

1. 开场

宣布庆典正式开始，全体起立，奏国歌，有条件的可唱本单位之歌。

2. 致辞

致辞一般由本单位主要负责人来完成，主要内容包括对来宾表示感谢、说明庆典的举办缘由等。

3. 嘉宾讲话

按照惯例，出席庆典活动的上级主要领导、合作伙伴及社区关系单位，均应有代表讲话或致贺词，这需要提前议定，最好体现在庆典议程中。对外来的贺电、贺信等，应择其要件或要义宣读，但要提及祝贺的单位或个人；公布祝贺单位或个人时，要注意顺序，可依照"先来后到"的规则，也可按其汉字笔画数来排序。

4. 安排文艺演出

如有条件，可作安排，但要慎选节目，注意不要违背庆典活动的宗旨。

二、开业仪式礼仪

开业仪式也称开业典礼,是指在单位创建、开业,项目开始、完成,建筑物落成、正式使用之际,为表庆贺或纪念,而依据一定程序所举行的专门仪式。开业仪式其实是一个统称,在不同的适用场合,有不同的名称,如开幕仪式、奠基仪式、破土仪式、竣工仪式、通车仪式等。开业仪式主要有以下几个方面的作用。

(1) 有助于塑造单位的良好形象,提高其知名度与美誉度。

(2) 有利于扩大单位的社会影响,吸引社会各界的关注与重视。

(3) 有助于将单位的建立或成就"广而告之",招揽顾客。

(4) 与支持单位的各界人士分享成功的喜悦,为日后的进一步合作奠定良好的基础。

(5) 有利于增强单位全体员工的自豪感与责任心,开创新局面。

(一) 开业仪式的筹备

开业仪式尽管时间短暂,但也要营造出现场的热烈气氛。主办单位只有高度重视,积极投入筹备工作,才能真正取得开业仪式的成功。

筹备开业仪式时,首先要在指导思想上要遵循热烈、节俭、缜密3个原则。

◇ **热烈**:即千方百计地在开业仪式中营造出一种喜庆而隆重的氛围。

◇ **节俭**:要求主办单位从简举办开业仪式,在经费的支出方面量力而行。

◇ **缜密**:主办单位在筹备开业仪式之时,既要遵行礼仪惯例,又要认真策划,注重细节,分工负责,一丝不苟,力求周密、细致。

(二) 举行开业仪式

主办单位在举行开业仪式时,要注重舆论宣传、约请宾客、布置场地、接待服务、赠送礼品、拟定程序等具体实施工作。

1. 舆论宣传

举办开业仪式的主旨在于塑造和树立单位的良好形象,舆论宣传是较好的辅助手段。该阶段要做的工作内容有两个方面:一是选择有效的传播媒介,进行集中性的广告宣传,并公布开业仪式举行的日期、地点,以及开业单位的经营特色、给予顾客优惠的主要项目等;二是邀请有关的大众传播界人士进行采访、报道,以便对单位作进一步的正面宣传。

2. 约请宾客

开业仪式影响的大小,某种程度上取决于来宾身份的高低与数量的多少。因此,要在力所能及的前提下,力争多邀请贵宾参加开业仪式。地方领导、上级主管部门与地方职能管理部门的领导、合作单位的领导、同行单位的领导、社会团体的负责人、社会名人、媒体人员等，都是邀请考虑的重点。用以邀请来宾的请柬应认真书写，装入精美的信封，由专人提前送达，以便对方早作安排。

3．场地布置

开业仪式多在开业现场举行，可以是正门之外的广场，也可以是正门之内的大厅。按惯例，举行开业仪式时，宾主一律站立，所以一般不安排主席台。为体现隆重和对宾客的敬意，可在宾客尤其是贵宾站立之处铺设红地毯，并在场地四周悬挂横幅、宫灯、标语、气球、彩带等物。

此外，还应当在醒目处摆放宾客赠送的牌匾、花篮等；来宾的签到簿、单位的宣传材料、待客的饮料等，也须提前备好；音响、照明设备及其他用具，必须事先彻查、调试，以防在使用时出现差错。

4．接待服务

在举行开业仪式的现场，一定要有专人负责来宾的接待服务工作。主办单位的全体员工除了要热情待客、主动帮助之外，更重要的是明确分工，各尽其职。

此外，要为来宾准备好专用的停车场、休息室和饮食等。在接待贵宾时，需由单位负责人亲自出面；在接待其他来宾时，则可由礼仪小姐负责。

5．赠送礼品

举行开业仪式时赠予来宾的礼品，一般属于宣传性传播媒介的范畴之内。若能选择得当，必定会产生良好的效果。向来宾赠送的礼品，应具有如下三大特征。

（1）宣传性。一般应选用单位的产品，尤其是在包装上印有单位的企业标志、广告用语、产品图案、开业日期等标识的产品。

（2）荣誉性。赠送的礼品应当具有较大的纪念意义，使受礼者对其珍惜、重视，并为之感到光荣和自豪。

（3）独特性。所赠送的礼品应当与众不同，具有单位的鲜明特色，使人一目了然。

6．拟定程序

从总体上来看，开业仪式大都由开场、过程、结束三大基本程序所构成。开场时，一般要奏乐、邀请宾客就位、宣布仪式开始、介绍主宾；过程是开业仪式的重要环节，通常包括单位负责人讲话、来宾代表致辞、启动某项开业标志等；结束包括开业仪式完成以及宾主进入现场参观、联欢、座谈等。

此外，为促使开业仪式的顺利进行，在筹备之时，必须要认真撰写程序，选定优秀的仪式主持人。

三、剪彩仪式礼仪

剪彩仪式是行政机关、企事业单位、社会团体为了庆贺大型建筑物落成、大型活动、企业成立开业等而举行的一种庆祝活动。

作为一种庆典形式，剪彩仪式既可以是开业仪式中的一项具体环节，也可以独立举行，以期引起社会各界的关注和重视。

（一）剪彩仪式的筹备

1. 布置会场

剪彩仪式的会场一般选在活动的现场，如展销会、博览会的剪彩安排在展销会、博览会的门口处；如果是新建设施、新建工程竣工启用，会场一般安排在新建设施、工程的现场，会标上可书写"××商厦开张典礼"或"××大桥通车仪式"等字样。会场四周可适当张灯结彩，悬挂气球等。

2. 做好广告

仪式前（一周或半月）要向有关单位和个人发送请柬，或刊发广告和张贴告示，特别是对剪彩者应发出诚挚的邀请。剪彩者一般是上级领导、主管部门负责人或知名人士，而且是有较高名望、深受大家尊敬和信任的人。

3. 安排礼仪人员

为了增加热烈而隆重的喜庆气氛，可以邀请礼仪小姐参加仪式。礼仪小姐可从本单位中挑选，或到公关、旅游、宾馆、文艺单位聘请，一般要求形象较好，仪态文雅、庄重。

4. 剪彩者的仪表

剪彩者是剪彩仪式的主角，其仪表举止直接关系到剪彩仪式的效果和企业的形象。作为剪彩者，要有高度的荣誉感和责任感，衣着要大方、整洁，容貌要作适当修饰，剪彩过程中要保持稳重的姿态、洒脱的风度和优雅的举止。

（二）剪彩仪式的程序

剪彩仪式的时间以短为宜，原则上为15～45分钟，其程序大致如下。

1. 请出席者就位

会场座席一般只安排剪彩者、宾客、单位领导和部门负责人的座位。剪彩仪式开始前，应敬请剪彩者和来宾入座；剪彩者最好安排在前排。

2. 剪彩仪式开始

主持人宣布剪彩仪式正式开始，介绍重要来宾并向他们表示欢迎和谢意，鼓掌向与会者表示谢意，并请乐队奏乐或燃放爆竹，以烘托现场气氛。

3. 安排简短发言

发言者一般包括东道主的代表，前来祝贺的地方政府、主管部门及其他协作单位的代表，发言时应以简短为宜。

4. 剪彩

主持人宣布正式剪彩之后,剪彩者应在礼仪小姐引导下,走向剪彩位置;如有多位剪彩者时,应让中间主剪者走在前面,其他剪彩者紧随其后走向自己的剪彩位置。主席台上的人员一般应在剪彩者之后 1～2 m 处站立。

当礼仪小姐用托盘呈上白手套、新剪刀时,剪彩者可用微笑点头表示谢意并随即接过手套和剪刀,剪彩前要向手拉缎带的礼仪小姐点头示意,然后全神贯注地将缎带剪断;如多位剪彩者共同剪彩,则要求协调行动,站在外端的剪彩者应用眼睛余光探视中位剪彩者的动作,力争同一时间剪断缎带。同时,还应取得礼仪小姐的配合,注意让彩球稳落托盘。

剪彩者在放下剪刀之后,应转身向四周的人们鼓掌致意,并与主人进行礼节性的谈话,然后在礼仪小姐引导下退场。

 礼仪故事屋

据说,剪彩最早起源于美国。20 世纪初,美国一家大百货商店将要开业。店主为了阻止闻讯后蜂拥而至的顾客在正式营业前闯入店内抢购促销商品,便随便找来一条布带子拴在门框上。谁曾料到这项临时性的措施竟然更加激发了挤在店门之外的人们的好奇心,促使他们更想早一点进入店内,对即将出售的商品先睹为快。

正当店门之外的人们有些迫不及待的时候,店主的小女儿牵着一条小狗突然从店里跑出来,小狗将拴在店门上的布带子碰落在地。人们误以为这是该店为了开张志喜所搞的"新把戏",于是立即一拥而入,大肆抢购。让店主转怒为喜的是,他的这家小店在开业之日的生意居然红火得令人难以置信。

第六章　推销礼仪

推销是指商务人员运用合法合适的方式传播商品信息，帮助和促进消费者对商品的认识、了解，进而产生好感与信任，最终实现购买的活动过程。顾客在购买产品的过程中，不仅要获得物质满足，更要获得精神上的满足。商务人员应该用规范的礼仪来协助顾客获得此种满足。推销的形式主要分为人员推销与组织推销两种，这里我们主要介绍人员推销的相关礼仪。

第一节　推销人员的仪表礼仪

推销人员一般面对的是素不相识的陌生人，顾客对推销人员的第一印象对推销成功与否起着举足轻重的作用。初次见面，顾客容易以貌取人，其对推销人员印象的90%来源于服装。因此，推销人员的衣着一定要大方合体，与自己的身材、年龄、个性，以及所推销产品的特点相配。

一、男推销人员的衣着规范

（1）皮鞋、领带的颜色要与西装搭配，勿穿深色西装打白色或黑色领带。
（2）经常洗头，不可发质油腻或有头皮屑，一般不要烫发；鬓角不要过耳，一般不要留胡子。
（3）除结婚戒指外，勿戴其他首饰。
（4）尽可能带公文包，不要提手袋。

二、女推销人员的衣着规范

（1）不要穿金戴银；服装单调时，可用小件首饰及围巾来增添色彩，但不能喧宾夺主，破坏衣服的平衡感；裙子应在膝盖下方为宜。
（2）化妆切勿太浓太新潮，可适当喷洒香水。
（3）头发不宜男性化或太卷，要保持光润整齐。
（4）丝袜款式应普通保守，鞋跟不宜太高。
（5）尽量携带公文包，少带手袋。

礼仪故事屋

> 某经销商听说 A 公司的产品质量不错,一直想跟他们联系。有一天,他在办公室时听见有人敲门,就说"请进"。门开了,进来一个人,穿一套旧的皱巴巴的浅色西装,自称是 A 公司的推销员。经销商打量此人:他身穿羊毛衫,打一条领带,领带飘在羊毛衫的外面,有些脏,好像还有油垢;黑色皮鞋,没有擦,布满了灰尘。
>
> 有好大一会儿,经销商都在打量这个推销员,心里开小差,根本听不清他在说什么,只隐约看见他的嘴巴在动,还不停地放些资料在办公桌上。等推销员介绍完了,经销商马上对他说:"把资料放在这里,我看一看,你回去吧!"此后,该经销商就再也没有跟 A 公司联系过了。

第二节 推销人员的举止礼仪

推销人员无论在何时何地,都要注意自己的举止,做到举止优雅,以产生吸引顾客的魅力。

一、预约

推销人员可以用电话事先约好时间,而不要贸然上门。在电话交谈中,重点是让顾客明白所售商品给他带来的好处,打电话只是为了安排一次约会,而不是完成一次交易,所以电话内容中对于关键问题要有所保留。在通话开始时,要向对方礼貌地问一声"您好",然后自报家门;通话终止前要说一声"再见",并表达出期盼下次约会的心情。

二、上门推销

敲门虽是小动作,但也有它的规范。正确的敲门方式应该是不急不缓、不重不轻,用中指敲三下,停顿一会儿再敲三下,切忌用掌或拳头击打门板;如果有门铃,轻轻按下即可,切不可长按不放。

如果推销不成功,推销人员应微笑着与顾客道别,然后轻轻关上门。坚持礼貌地向顾客告别,既给顾客留下良好的印象,又为今后可能的再次推销打下了基础。

三、与顾客见面

见到顾客后，应该主动自我介绍，并递送名片。名片要干净整洁，不可脏兮兮的；必须用双手递送名片，不可以手指夹着递给对方；从腰际两侧出手，不可过高或过低；可一边递送一边说"请多指教""多多关照"等，不可一言不发。

接过他人名片时应双手捧接，然后用半分钟左右的时间从头至尾认真默读一遍；切忌看也不看，或手头把玩，或装入衣袋。如有疑问，则可当场向对方请教。记住对方的名字，在以后交谈中正确地叫出来，等于给对方一个巧妙的赞扬。

四、礼貌对待自己的产品

推销人员展示商品时要体现自己对商品的爱护，让顾客感受到商品的价值与分量。随便把自己推销的产品丢在桌上让顾客观看，既是对顾客的不尊重，也是对商品的不尊重。

 礼仪知识窗

约见客户的方法

（1）当面约见，即销售人员与客户当面约定再见面的时间、地点等，是最为直接、简便易行的约见方法。

（2）电话约见，现代商务活动中最常用的预约方法，具有迅速、方便、快捷、经济等优点。

（3）信函约见，方式主要有个人信件、单位公函、会议通知、电子邮件等，其优点是简便、快捷、费用低廉等，但是这种方式通常花费的时间较长，不适用于快速约见。

（4）委托约见，指销售人员委托第三者约见客户的方式，这种约见方式较为麻烦，也容易导致客户对于约见的重视程度不足。

（5）广告约见，指销售人员利用广告媒体约见客户的方式，这种方式覆盖面大、节省时间，但是针对性较差、费用较高且未必能引起目标客户的注意。

第三节　推销人员的语言礼仪

同样的事情，用不同的方式去说，就会有不同的效果。所以，对推销人员而言，语言是至关重要的武器，这种武器看似简单，却对促进销售有重大作用。真正的推销人员能炉火纯青地用语言与顾客交流，并愉快地完成交易。

一、推销语言的基本原则

推销人员使用推销语言时，应遵循以下基本原则：

(1) 以顾客为中心的原则。
(2) "说三分，听七分"的原则。
(3) 避免使用导致商谈失败语言的原则。
(4) "低褒感微"原则。
(5) 通俗易懂，不犯禁忌原则。

二、推销语言的表达技巧

（一）明确谈话目的

明确谈话目的是谈话成功的必要条件。因此，推销人员在进行销售谈话时，必须清楚地表明自己的意图，如果谈话忽东忽西，顾客就抓不住重点，也不知道其真正所要表达的意思。

（二）组合谈话材料

为使推销取得成功，做好充分的准备是非常必要的。推销人员在开口前，应将谈话材料进行优化组合，先打个腹稿，以备描述。组合这些谈话材料时，一定要力求紧凑，切忌松弛。只有这样，才能吸引顾客的注意。

（三）施展谈话魅力

推销人员在与顾客谈话时，首先要特别注意表情，要面带微笑，表现出开朗、令人信赖的柔和表情；其次，要注意姿态，充分运用身体语言配合谈话的内容；再次，谈话的音量变化要丰富，时而大声说明，时而小声叙述，以抑扬顿挫的声调紧紧吸引顾客的注意；最后，要掌握好谈话的语速，最好让顾客对谈话内容有一段思索的时间。

（四）不与顾客争辩

推销人员越是认为自己的经验和知识丰富、能言善辩，就越听不进顾客的异议；或者当顾客提出异议时，越容易逞强与顾客争辩。从长远看，这种争辩胜利的次数越多，推销的成功率就越低。因此，推销人员在与顾客产生矛盾时，应尽量寻求双方的一致之处，对不太重要的内容，应多表达赞同之意。

第三部分
政务礼仪

第一章 政务礼仪概述

第一节 政务礼仪的概念及特点

政务礼仪，又称公务礼仪，是指国家公务人员在从事公务活动、执行国家公务的过程中所必须遵守的礼仪规范。从其定义中可以看出，政务礼仪有其特定的适用对象与适用范围。其适用对象是每一位正式在职的国家公务人员；其适用范围是在国家公务人员正式履行自己的职责期间。离开了特定的适用对象或适用范围而滥用政务礼仪是不恰当的。政务礼仪主要有以下几个特点。

（1）规范性。规范性是政务礼仪的首要特征。俗话说："没有规矩，不成方圆。"国家公务人员在待人接物时，必须按照一定的标准去做。

（2）系统性。系统性是从规范性引申出来的，没有系统就难以规范。

（3）严肃性。政府机关是具有权威的，若没有权威，就难以确保政令、政纪的严格执行。因此，政务礼仪也具有严肃性。如果公务人员在从事公务活动或执行国家公务的过程中违反了相关的礼仪规范，将会受到处罚。

在公务活动中正确使用政务礼仪，不仅能够展示国家公务人员自身的良好素质，而且能够塑造政府机关的良好形象，协调政府机关与公众的关系。此外，随着改革开放的深入，我国与世界各国的交流也不断深入，对外活动日益增多。在对外交往中讲究政务礼仪，可以展示我国的良好形象，提高我国的国际地位和声望。

第二节 政务礼仪的独特之处

一、以尊重为本

礼者敬人也，礼仪最重要的要求就是尊重。国家公务人员在运用政务礼仪时，要懂得尊重在先，时时处处事事尊重别人。对国家公务人员来说，尊重上级是一种天职，尊重同事是一种本分，尊重下级是一种美德，尊重群众是一种常识，尊重所有人是一种教养。当然，我们强调的尊重不仅是对外的，更包括自尊。国家公务人员要严于律己、自尊自爱，为人民群众树立良好的榜样。

二、讲究积极表达

在人际交往中，只有积极地以恰当的方式表达出自己的想法，才能被对方理解，进而接受。国家公务人员在履行职责时，要注意表达出应有的积极和热忱。在与广大人民群众接触时，决不能摆出一副高高在上的架势，一定要恰到好处地把尊重和友善表达出来，以展现个人的素质和政府的形象。

三、形式标准

政务礼仪有其正规化、标准化的形式，国家公务人员在运用时要遵守其规范。这不仅反映着公务人员自身素质的高低，还体现着其所在的具体政府部门的管理是否完善，甚至影响着政府机关的形象。

第二章　会议礼仪

第一节　会前准备礼仪

会议要想取得圆满成功，达到预期的目的，会前的准备工作非常重要。一般来说，会前的准备工作要做到环环相扣、衔接紧密，具体应做好以下工作。

一、确定会议主题

所谓会议主题，就是会议的指导思想，它是拟定会议的内容、任务、形式、议程、期限、出席人员等的前提。在通常情况下，会议的主题可以直接通过会议名称体现，一次成功的会议应该是始终坚持会议既定主题的会议。

二、拟发会议通知

会议通知是会议主办单位发给与会单位和个人的书面通知，通常采用邀请信（函、书）、请柬、海报、公告等形式。若与会单位或个人使用的语言是英文或其他语种，则要用外文撰写会议通知。撰写会议通知时，要求内容具体明确、格式规范、语言简洁诚恳。会议通知主要包括以下内容：① 会议名称（可在标题或正文中说明）；② 主办者；③ 会议内容（反映会议的主题）；④ 参加对象（明确出席会议者的资格条件）；⑤ 会议时间（包括报到时间和会议起止时间）；⑥ 会议地点（包括报到地点和会场地点）；⑦ 回执或报名表。

三、会场的布置

（一）会场座位格局类型

会场座位的布置应根据参加会议人数的多少、规格的高低、厅室的形状和面积大小来确定。

提　示

根据规模大小或出席人数的多少，会议一般可分为小型会议、中型会议和大型会议。小型会议的出席人数少则几人，多则几十人，一般不超过100人；中型会议的出席人数一般为100～1 000人之间；大型会议的出席人数一般在1 000人以上。

1. 大型会议的座次礼仪

大型会议的与会人数众多，所以会场上通常应分设主席台和群众席。

按照国际惯例，主席团的座次排列应符合以下规则：以主席台面向群众席的视角为基准，前排尊于后排，中间尊于两侧，右侧尊于左侧，如图3-2-1所示。国内政务性会议往往是左侧尊于右侧。安排好主席台座次后，应按照座次顺序在就座者身前的桌上摆好写有入座者姓名的桌签，以便主席团成员按序入座。

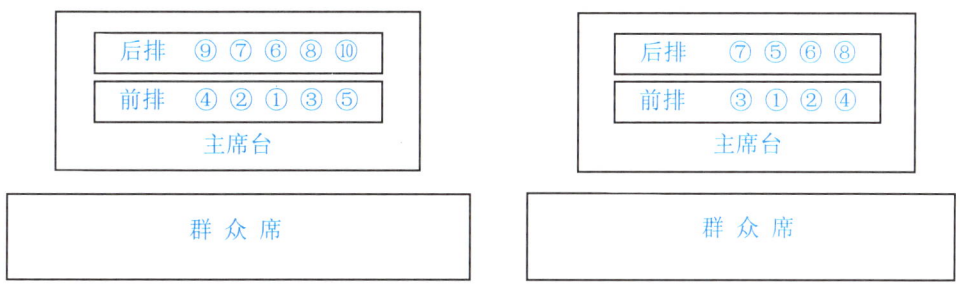

图3-2-1　主席台的座次排列

群众席可以根据需要自由择座，也可以按照单位或组织指定区域统一就座。常见的群众席的座次安排如图3-2-2所示。

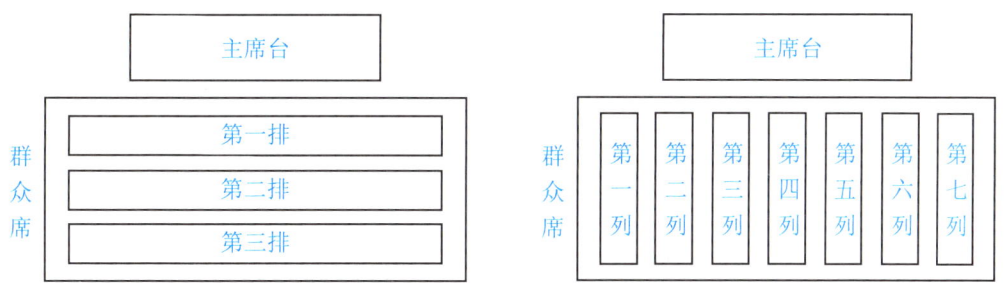

图3-2-2　群众席座次

通常，横向排列座次时，前排座位尊于后排；纵向排列座次时，中列的座位尊于两侧。

2. 小型会议的座次礼仪

小型会议的与会人数较少，全体与会者通常同桌而坐。因此，会议组织者可采用以下两种方式安排会议的尊卑座次。

若与会者中没有客人，则直接在面对会议室正门的位置上，按照中间为尊、右座尊于左座的原则安排座次，如图3-2-3左图所示。若会议桌斜对着会议室正门，则可以在远离会议室正门的一侧依次设座，如图3-2-3右图所示。

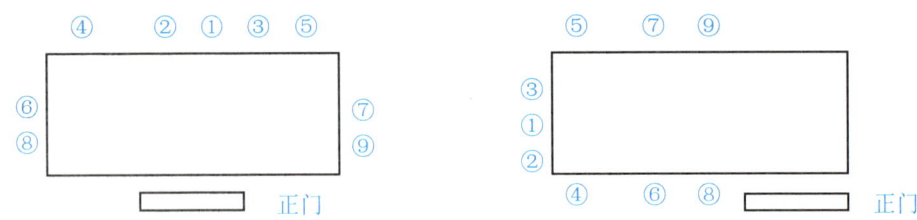

图 3-2-3　无主客之分的会议座次

若与会者中有客人,一般分两侧就座,客人一方坐在会议桌比较靠里的一边,而主人一方则相对而坐。如图 3-2-4 所示。

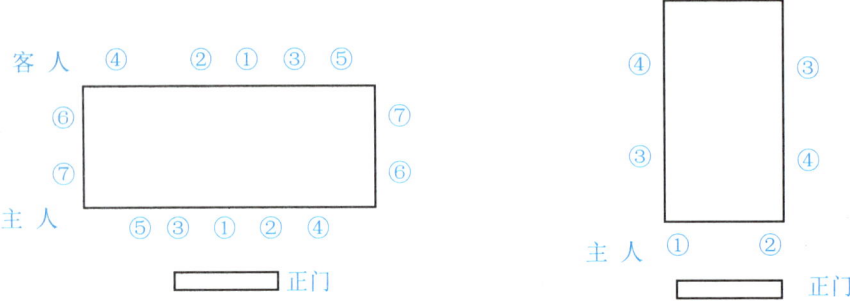

图 3-2-4　有主客之分的会议座次

(二)相关物品的准备

会议所需的相关物品主要有以下两类。

(1)会场装饰物,如会标、会徽、标语、花卉、灯光等。

(2)会议所需物品,如影音设备(音响、摄像机、摄影机等)、茶具(茶杯、垫盘、茶壶、茶叶漏、暖瓶、凉水具及茶叶等)、烟具(烟灰缸)、文具(小便笺、签字笔、红黑铅笔等)、服务用具(大小毛巾、托盘、纸巾、擦布等)、厕所用具(毛巾、皂盒、洗手液、梳子、卫生纸等)。

在准备以上物品时,数量一定要富余,用具一定要干净、卫生。会议物品的准备应由专人负责,而且应在会议前一小时准备就绪。

第二节　会议服务礼仪

会议服务礼仪

一、会前服务礼仪

会议召开前要安排专人负责接待与会者,做好引导、介绍服务。对远道而来的与会者,如果需要接站,应派人到车站、码头、机场等地按相应接待规格迎接。

二、会间服务礼仪

主办单位的服务人员应提前到场,当参加会议的客人到来时,应有专门的服务人员到门口迎接。

当与会人员落座后,接待人员应及时倒茶。倒茶要轻而规范,杯盖的内口不能接触桌面,手指不能按住杯口,可左手拿开杯盖,右手持水壶,将开水准确倒入杯内;茶水倒至七分满为宜,然后将杯盖盖上;递茶要用双手,茶杯把儿要放在与会者的右手处。

会议开始后,应根据会议规模配备适当数目的服务人员。服务人员应站在适当的位置观察会场内的情况,会场内有人招呼要及时应答。在会议期间,服务人员一般应每 15~20 分钟给宾客续水一次。续水时应带小暖瓶,并带小毛巾一块,用来擦干洒在杯子外的水。会议厅中的温度,夏天一般宜控制在 24~25℃,冬天在 20~22℃。

会议如有领奖内容,工作人员应迅速组织受奖人按顺序排列好,礼仪人员及时送上奖状或荣誉证书,由领导颁发给受奖者。

如果有电话或有事相告,工作人员应走到其人身边,轻声转告。如果要通知主席台上的领导,最好用字条传递通知,避免工作人员在台上频繁走动和耳语而分散他人注意力,影响会议效果。工作人员不要在会场上随意走动,不要使用手机。

若会场上因工作不当而发生差错,工作人员应不动声色,尽快处理,不能惊动其他人,更不能慌慌张张、来回奔跑,以免影响会议气氛和正常秩序。

三、会后服务礼仪

会议结束后,相关工作人员应做好以下工作:

(1)服务人员应及时打开通道门,站立两侧,礼貌送客,向客人微笑点头,并说"慢走、再见"。

(2)及时做好会场清理工作,若发现客人遗留物品,应迅速与有关单位联系。

(3)服务主管人员应主动及时填写《会议服务意见单》,征求会议主办单位的意见,以总结工作、改进服务。

(4)严格做好保密工作,不询问、议论、外传会议内容和领导讲话内容,不带无关人员进入工作间。

第三节　与会者礼仪

一、主持人礼仪

各种会议的主持人，一般由具有一定职位的人来担任，其礼仪表现对会议能否取得圆满成功有着重要影响。因此，主持人要特别注意以下事项：

1. 熟悉议程

主持人在拿到主持任务后，要认真研究所主持的会议，弄清会议的目的、主题、会议的发言者及发言题目、用时等相关情况，从而熟悉会议议程，把握会议走向，预测会议效果，并据此设计出主持人的串联词，为主持工作做充分的准备。

2. 仪态端正

主持人应衣着整洁、大方庄重，走上主席台应步态稳健有力、精神饱满。如果站立主持，应双腿并拢、腰背挺直。持稿时，右手持稿子的底中部，左手五指并拢自然下垂；双手持稿时，应与胸齐高。坐着主持时，应坐正挺直，双臂前伸，双手轻按于桌沿。在主持会议的过程中，切忌出现搔头、揉眼、抖腿等不雅动作。

3. 言谈得体

主持会议时，应当口齿清楚、发音准确，并简明扼要地表述会议事项。在会议进行过程中，不可与会场上的人员寒暄、闲谈。

4. 控制会场

（1）主持人应按既定的顺序推动会议活动的进展，不得随意变动议程顺序，同时，严格把握会议的起止时间，不随意拖延或提前。

（2）引导与会者积极讨论或发言，当讨论、发言的内容偏离会议主题，或者讨论、发言的时间超出限定范围时，应当给予礼貌地提醒。

（3）就发言内容进行提问并作恰如其分的评价，同时对发言人表示礼节性的肯定或感谢。

（4）根据会议性质适当地调节会议气氛（或庄重，或热烈等），以实现会议的预期效果。

（5）安排会间休息时间，并明确休息时间的具体长度。

（6）在会议结束前，对会议情况作简单的总结，并宣读会议达成的决议。

（7）会议结束时，对为会议提供了帮助的人和协助组织会议的工作人员表示感谢。

二、发言者礼仪

大会发言者在发言之前，要做好以下两项准备工作：一是准备发言稿。在准备发言稿时，要了解会议的主题、听众的思想状况、文化程度、职业特点和心理需求。发言稿要观点明确、中心突出，主张合理、层次清楚，逻辑缜密、以理服人。二是修饰仪表。在发言之前，发言人一定要抽出时间，对其个人仪表进行修饰，如头发要梳理整齐，着装要干净、整洁大方。

发言者分为正式发言人和自由发言人两种。前者一般是领导报告，后者一般是讨论发言。正式发言人和自由发言人应分别遵守以下礼仪规则：

1. 正式发言人的礼仪
   - 走上主席台时，应步态自然，并体现出自信的风度。
   - 走上主席台后，首先应面向群众席，扫视全场，与在座的听众进行目光交流，然后诚恳、恭敬地向听众鞠躬或点头致意，稍后便可开始发言。
   - 发言时，应口齿清晰、发音准确，简明扼要地表述发言内容，若是书面发言，则还应时而抬头扫视会场，切勿旁若无人地低头念稿。
   - 发言完毕，应向听众表示谢意，然后退下主席台回到原座位。

2. 自由发言人的礼仪
   - 注意发言顺序，遵守发言秩序，不可争抢发言。
   - 发言时，应口齿清晰、观点鲜明、内容简短。
   - 与他人有分歧时，应态度平和，以理服人。

无论是正式发言人还是自由发言人，对于主持人或其他与会者就发言内容所进行的提问，都应礼貌作答，对于不能回答的问题，应机智而礼貌地说明理由；对于提问人的批评或建议，应当认真听取，即便批评或建议是不恰当的，也不应失态。

三、会议参加者礼仪

参加会议是一件严肃的事情。参加会议的人员无论是以单位还是个人的名义出席会议，都要注意自己的言行举止，做到稳中端庄，遵时守纪，合乎礼仪规范。

- 衣着整洁、仪表大方、按时到会，并按会议组织者安排的座次入座。
- 保持会场安静，做到关闭手机或将手机调为静音，不拨打或接听手机，不大声喧哗，不交头接耳等。
- 保持得体的仪态，切勿做出不雅行为，如打哈欠、伸懒腰、打瞌睡、掏耳挖鼻、挠头打嗝等。
- 会议进行时，不要随意走动或出入。若确实需要暂离座位，则应轻手轻脚地进行，尽量减少对发言者和其他与会者的影响；若需要长时间离席或提前退场，则应向会议组织者说明理由并表示歉意，在征得同意后方可离开。
- 他人发言时，应认真倾听，并用笔、纸记下与自己工作相关的内容。
- 当他人发言结束时，应向发言者致以热烈的掌声，以表赞赏和感谢。

第四节　会议结束礼仪

会议结束工作要做到圆满周到、善始善终，不能虎头蛇尾。具体来说，应做好以下两项工作。

一、通过会议决议

根据会议的实际需要，在会议的结束阶段，应形成会议决议、会议纪要等专门的会议文件，以贯彻落实会议精神。撰写文件时应广泛征求代表的意见，以表示对与会者的尊重。会议闭幕前，必须将这些起草好的决议、纪要提交全体会议表决通过，这样才能作为正式文件传达。

二、送站工作

会议结束时，主办单位可根据与会者返程的车次、航班的具体时间，做好送站工作。工作人员将客人送到车站、码头或机场后，应与客人热情话别，待客人登上车、船、飞机后，方可离去。

第三章　办公室礼仪

办公室是公务人员的工作场所，也是其停留时间最长的地方，最能体现一名公务人员的礼仪风范及工作水准。在办公室里，公务人员的一切行为都应该有礼有节。

第一节　办公室环境礼仪

一、办公环境整洁卫生

（一）公共空间卫生

（1）办公室干净整洁，窗明几净，空气流通。

（2）办公设备配置和装饰造型美观、色彩和谐、赏心悦目。

（3）办公室内禁止摆放与工作无关的个人用品（如餐具、玩具和装饰品等）。

（4）及时清理办公桌及文件柜。

（5）爱护办公室桌椅、沙发和茶几等办公用具，保持电话机、计算机、复印机和传真机等办公设备的整洁，确保其正常运转。

（6）公用的笔、墨水、涂改液、便笺纸、报纸和杂志等办公用品应摆放整齐，并根据使用情况及时添加或更换。

（二）个人办公区卫生

个人办公区要保持办公桌位清洁，桌上不要堆满文件和杂物。要将各种文件或材料按照日期或根据内容装订起来放到抽屉里或资料柜中，桌子上摆放的东西越少越好；抽屉里的东西也要摆放整齐，以便拿取方便。私人的物品和其他杂物可以放到自己的柜子里。

二、个人举止文明礼貌

进入他人办公室时，要先轻轻敲门，听到应答再进。进入后，回手关门，不能大力、粗暴。进入房间后，如对方正在讲话，要稍等静候，不要中途插话，如有急事要打断说话，也要看住机会。而且要说："对不起，打断一下你们的谈话"。

递交物件时，如递文件等，要把正面、文字对着对方的方向递上去，如是钢笔，要把笔尖向自己，使对方容易接着；至于刀子或剪刀等利器，应把刀尖向着自己。

微笑是一般社交场合最佳心态的表现。上班时与同事、领导微笑问好，下班微笑道别。接待人物、邀请、致谢都应有真诚的微笑。不要把喜怒哀乐都流露于脸上，否则会让人感到你不够成熟、自控力不强。

在办公室讲话时话语要谦和，声音要轻，不能在办公室、过道上大声呼唤同事和上级。无论是对同事、上级还是来访者，都应使用文明用语。在办公室里，说话不要刻薄，与同事开玩笑要适度，不能挖苦别人、恶语伤人，更不能在背后议论领导和同事。

走路时身体挺直，步速适中、稳重、抬头挺胸，给人以正直、积极、自信的好印象。不要风风火火、慌慌张张，让人感到你缺乏工作能力。走通道、走廊时要放轻脚步。无论在自己的公司，还是对访问的公司，在通道和走廊里要靠右侧行走，不能一边走一边大声说话，更不得唱歌或吹口哨等。在通道、走廊里遇到上司或客户要礼让，不能抢行。

坐姿要优美，腰挺直，头正，不要趴在桌子上，歪靠在椅子上。

有人来访时，应点头或鞠躬致意，不能不理不睬。工作期间不能吃东西、剪指甲、唱歌、化妆，与同事追追打打有失体面。谈话时手势要适度，不要手舞足蹈，过于做作。

第二节　办公室人际关系礼仪

一、与上级相处的礼仪

（一）尊重上级

单位的领导一般具有较高的威望、资历和能力，有很强的自尊心。作为下级要经常肯定上级的领导水平，保持其主角地位，适应其工作方法，以维护领导的威望和自尊。

在工作交往中，下级对上级的尊重可以通过以下的行为方式得以体现：

（1）遇到上级主动称呼问候或让路。

（2）上级走进办公室时热情致意，上级走到自己办公桌前一定要起立。

（3）上下汽车、进出大门和电梯时应让上级先行。

（4）经常向领导请示、汇报工作情况，听取上级对工作的意见和指导。

（5）与上级交谈时认真倾听，不能顶撞上级，特别是公开场合尤其要注意。即使与上级的意见相左，也应在私下与其说明。

（二）服从安排

领导对下属有工作方面的指挥权，对领导在工作方面的安排和指挥，下级必须服从。上级布置的工作任务要坚决完成，其正确的意见和指示要坚决执行。

如果上级的指示和安排意见没有失误，即使不符合自己的想法，也要按照上级的安排去做。这不仅是工作顺利开展的重要保证，也是作为下级最基本的礼节礼貌。

（三）学会体谅

上级在工作中由于受到主观、客观条件的影响，难免会遇到各种困难，下属应该体谅上级的难处，不能轻易因为某些要求未得到满足而对领导产生不满。当领导遇到困难，下属应该主动为其排忧解难。这样既可以避免与上级产生矛盾，又能拉近与上级之间的关系。

（四）注意沟通

工作中要经常与上级进行沟通，不失时机地与上级交换意见，让上级了解你的想法。只有经常与上级沟通，上级才会更深一步地了解你、重用你。

（五）虚心接受

下级在上级批评自己时，一定要虚心接受、坦率认错、及时道歉。哪怕错误不在自己，也要心平气和地向上级说明情况。

二、与同事相处的礼仪

（一）相互尊重

相互尊重是处理好任何一种人际关系的基础，同事关系也不例外，要友好平等地与同事相处。对待同事不仅要做到以礼相待，而且要注意不能厚此薄彼。不能在背后议论同事的隐私和损害同事的名誉，不要在上级面前诋毁攻击同事。

（二）关心同事

同事遇到职位变化、工作受阻和挫折不幸时，要能及时地给予真诚的关心和帮助，及时地伸出援助之手为同事排忧解难。这样可以增进双方之间的感情，使同事关系更加融洽。

（三）公平竞争

工作中存在竞争是不争的事实，竞争能促进工作的有效开展。但是切记：同事之间要公平竞争，不能在背后耍心眼，贬低别人抬高自己，甚至踩着别人的肩膀往上爬。

（四）宽以待人

同事之间经常相处，误会在所难免。如果是自己的失误，应主动向对方道歉，以获得对方的谅解；当对方误会自己时应主动向对方说明，不可"小肚鸡肠"，耿耿于怀。

切忌意气用事使事态复杂化，以致产生严重后果。如果问题比较严重，自己实在无法忍受，可请求上级帮助解决，必要时可诉诸法律，但绝不可凭血气之勇而蛮干。

 礼仪知识窗

办公室接待礼仪

办公室接待客人的规格虽没有正式接待那么复杂，但同样要热情周到，讲究礼貌。这不仅体现了个人的修养，同时也反映了单位的良好形象。

（1）有客人来访，应马上起来进行接待。握手寒暄，请客人进屋落座，并倒上茶水。

（2）接待客人应面带微笑，语气亲切，态度和蔼，主动热情。

（3）来客较多时要按先来后到的顺序进行接待，不能先接待熟悉或自认为重要的客人。

（4）与来宾交谈时务必要聚精会神，不要在招待来宾时忙于处理其他事务。万一中途不得不暂时离开，应向来宾表示歉意。

（5）当客人告辞时，接待人员应送到门口或电梯口，与其礼貌告别。

第四章　国际礼宾礼仪

国际礼宾礼仪是指在对外交往活动中用以维护自身形象，向外宾表示尊重、友好的行为准则及礼仪规范。

第一节　礼宾次序及国旗礼仪

一、礼宾次序礼仪

礼宾次序礼仪，指的是在国际交往中，将出席活动的国家、团体、个人的位次按一定的规则进行排列的礼仪规范。礼宾次序既关系到相关人员的礼仪、素质和形象，又能体现东道主对各国客人所给予的礼遇。

礼宾次序的排列虽然在国际上已有一定惯例，但各国的做法不尽相同。常用的排列方法有以下三种。

（一）按身份与职务高低排列

身份与职务高低是礼宾次序排列的主要根据。在官方活动中，通常按这种方法安排礼宾次序，如按国家元首、副元首、政府首相、副首相、部长、副部长等顺序排列。确定职务高低的依据是各国提供的正式名单或正式通知，但由于各国的国家体制不同，部门之间的职务高度也不尽一致，因此在排列时，应根据各国的规定，按相应的级别和官衔进行排列。

> 在多边活动中，有时还按其他方法排列，但是无论按何种方法排列，都应考虑身份或职务高低的问题。

（二）按国家名字的字母顺序排列

在多边活动中，礼宾次序常按每个国家英文名字的首字母顺序排列，对于第一个英文字母相同的国家,则按第二个字母排列,以此类推。

提 示

联合国大会通常采用这种排列方式,但是为了避免某些国家总是占据前排席位,因此,每年都会通过抽签来决定本次大会席位的打头字母,以便让各国都有排在前列的机会。

(三)按先来后到的顺序排列

在一些国家举行的多边活动中,也常按先来后到的顺序排列礼宾次序,即以代表团抵达活动地点的时间先后排列,或按代表团告知东道主自己决定参加该活动的答复时间早晚排列,也就是报名时间的先后顺序。

二、国旗礼仪

国旗是国家的象征和标志,是由国家法律规定的具有一定形式和格式的旗帜。在国际交往中,人们通常通过悬挂国旗的形式来表达对祖国的热爱和对他国的尊重。但是,在一个主权国家的领土上,一般不得随意悬挂他国国旗,许多国家对悬挂外国国旗都有专门规定。目前在国际上已形成了一些悬挂国旗的惯例,并已被各国普遍接受。

(一)升挂国旗的场合

(1)驻外使节可在其办公处、官邸及交通工具上悬挂本国国旗。

(2)一国元首、副元首、政府首脑及其他重要领导人到他国访问时,在其下榻处及所乘用的交通工具上,可悬挂本国国旗,这是一种外交特权。

(3)举行国际条约和重要协定的签字仪式,以及大型国际性展览会、博览会、体育比赛等活动的场所,可悬挂本国国旗。

(4)外国政府经援项目以及外商投资企业的奠基、开业、落成典礼,以及重大庆祝活动,可悬挂本国国旗。

(5)民间团体在双边、多边交往中所举行的重要庆祝活动,可悬挂本国国旗。

(二)悬挂国旗的要求

(1)在建筑物上或室外悬挂国旗,一般应日出升旗、日落降旗。如遇特殊情况,需降旗致哀时,可先将国旗升至杆顶,然后再下降至离地面约杆长的 1/3 处。日落降旗时,也应将旗升至杆顶,然后再降下。

（2）悬挂双方国旗，按国际惯例，以右为上、左为下，右挂客方国旗、左挂主方国旗。在汽车上挂国旗时，以汽车行进方向为准，司机右方为客方，左方为主方。

所谓主方和客方，不以举行活动所在地为依据，而是以活动举办者为依据。例如，外宾来我国访问，我国政府举行欢迎宴会，那么我国是主方；而外宾访问结束举行答谢宴会，此时外宾应是主方。

（3）悬挂多国国旗时，东道国的国旗应置于显著的位置，其他国家的国旗以东道国国旗为中心，按字母次序排列于左右两侧。

（4）各国国旗的大小不同，因此，在悬挂时应进行适当缩放，使各国国旗在面积上大致相同，以示平等。

（5）国旗不得倒挂、反挂。有些国家的国旗由于文字和图案的原因，也不得竖挂，特殊情况需竖挂时，应专门制旗。

（6）举行国际会议、展览会、体育比赛等重大活动时，即使没有外交关系的国家，只要它是所举办活动的组织成员，东道主都应悬挂该国国旗。悬挂的次序是以英文国名的第一个字母为序，从左至右悬挂。

（7）若需要夜间在室外悬挂国旗，必须将国旗置于灯光照射之下。

（三）悬挂国旗的方法

1. 两面国旗悬挂

悬挂双方国旗时，按照国际惯例，应以右为上、左为下，以旗正面为准，右挂客方国旗、左挂主方国旗。

两面国旗的悬挂方法有并列悬挂、交叉悬挂和竖挂，如图3-4-1至图3-4-3所示。

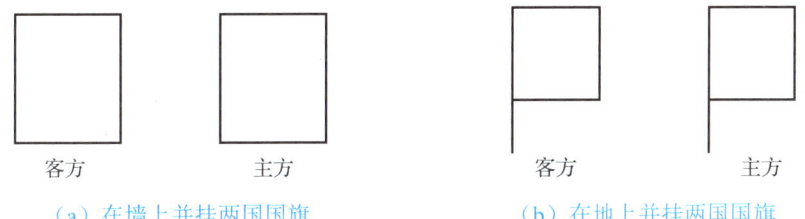

(a) 在墙上并挂两国国旗　　　(b) 在地上并挂两国国旗

图3-4-1　并列悬挂

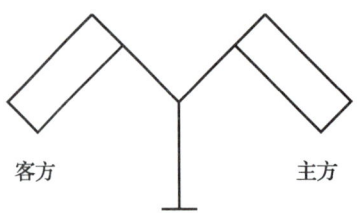

图 3-4-2　交叉悬挂

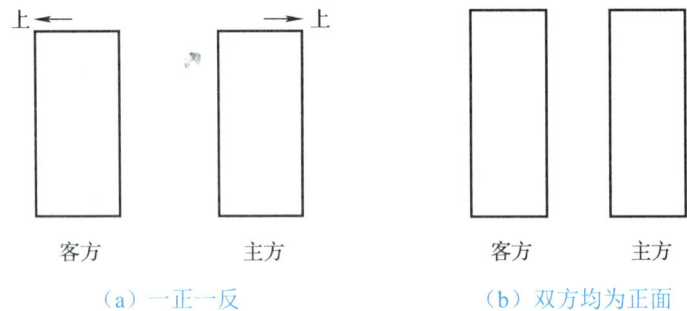

图 3-4-3　竖挂

2．多面国旗悬挂

悬挂多面国旗时，有以下几种方法。

（1）单行排列。单行排列时，主办国国旗应排列在最前面。

（2）并排排列。并排排列时，以旗面面向观众为准，主办国国旗应排列在最右方。

（3）弧形排列。弧形或者从中间往两旁排列时，主办国国旗应当排列在中央。

（4）圆形排列。圆形排列时，主办国国旗应当排列在主席台或者主入口处对面的中心位置，如图 3-4-4 所示。

图 3-4-4　多面国旗圆形排列

第二节　常见的国际礼宾活动礼仪

一、迎送礼仪

迎来送往，是国际交往中最常见的礼节之一。在国际交往中，对外国来访的客人，应根据其身份、访问性质、两国关系等情况，安排相应的迎接送别活动。国际交往中的迎送可分为官方迎送及普通外宾迎送。

（一）官方迎送礼仪

1. 国际迎送礼仪惯例

外国国家元首、政府首脑正式访问时，其迎送仪式可在机场或车站举行，也可在特定的场所举行，如总统府、议会大厦、国宾馆等，举行仪式的场所应悬挂宾主双方国旗，领导人行进的道路上应铺设红毯。

国际通行的迎送礼仪大体上包括以下几方面的内容。

（1）参加人员。迎送礼仪一般由身份相当的领导人和一定数目的高级官员出席，有的还通知各国（或部分国家）驻该国使节参加。

（2）献花。在主要领导人与宾客握手后，通常会安排儿童或女青年为宾客献上色彩鲜艳的鲜花。

注　意

一般情况下，献花时忌用菊花、杜鹃花、石竹花和黄色花朵，还应注意各国对花的品种及颜色的不同忌讳，选择适宜的鲜花。

（3）奏国歌。奏国歌时，应先奏宾国国歌，后奏本国国歌。

（4）检阅仪仗队。检阅仪仗队时，通常来访国宾在主方领导人的陪同下，沿着红毯徐徐行进。

（5）鸣放礼炮。鸣放礼炮的最高规格为 21 响，一般为国家元首鸣放；其次为 19 响，为政府首脑鸣放；再次为 17 响，为副总理级领导人鸣放。

礼仪知识窗

鸣放礼炮的起源

鸣放礼炮起源于英国。据说是 400 多年前英国海军在进入友好国家的港口之前，或在公海上与友好国家的舰船相遇时，为了表示没有敌意，便把船上大炮内的炮弹统统放掉，对方的舰船也以同样做法回应。后来，这种做法逐渐演变为互致敬意的一种礼仪。由于当时最大的战舰装有21门大炮，所以21响就成了鸣放礼炮的最高规格，是国家元首享有的礼遇。1875年，美国首次正式采用这一礼仪。

2. 我国迎送礼仪惯例

（1）外国国家元首或政府首脑访华，通常都是先到首都北京。当他们抵达机场或车站时，由国家指定的陪同团团长或外交部的部级领导人及其他级别相当的官员赴机场或车站迎接，并陪同来访国宾乘车前往国宾馆下榻。

（2）国宾抵达北京的当日或次日，在人民大会堂东门外广场举行隆重的欢迎仪式。若天气不适宜在室外举行仪式，则在人民大会堂东门内的中央大厅举行。

（3）举行欢迎仪式的广场应悬挂两国国旗，组织首都少年儿童列队欢迎并献上鲜花，奏两国国歌，检阅三军仪仗队，鸣放礼炮。

（4）国宾离京返国或到其他地方进行访问时，我方出面接待的国家领导人到宾馆话别，并由陪同团团长或外交部部级领导人陪同国宾前往机场、车站送行，或陪国宾一同赴外地访问。

礼仪故事屋

外交失礼　周总理很生气

周恩来作为总理兼外长近10年，即使不担任外长期间，在中央也一直负责外交工作。新中国成立初期，外交礼宾素质教育还未引起一些高级干部的足够重视，1956年发生的一件外交失礼事件，让周恩来十分生气。

那年2月19日，在机场为柬埔寨首相西哈努克送行。西哈努克的专机起飞后，未待盘旋飞去，周总理和各国驻华外交使节都还站在原地未动，我方参加送行仪式的很多负责干部却纷纷离去，据说是急着要去先农坛体育场看足球赛。周恩来一看，赶紧让身边的人去把他们叫回来，列队站好，等飞机在机场上空盘旋一圈，渐渐远去之后，周恩来这才转过身来，生气地问："你们懂不懂外交礼仪？"几位干部见总理生气了，都低着头不说话。周恩来接着说："好，我给你们再讲讲。给外宾送行时，不光要把外宾送上飞机，还要等飞机起飞，因为按照外交礼仪，飞机起飞后，还要在上空盘旋一周，表示对这个地方的留恋和感谢。我们送行的人更不能离开，要等飞机飞远了。"

根据总理指示，1956年5月9日，外交部以国务院名义下发了《接待外宾注意事项》，共列12条，其中包括：迎送贵宾演奏国歌时，应该"肃立、脱帽、行军礼";贵宾飞机起飞或专车开动时,应该"挥手致意,在送行的主要领导同志和各国使节未离开的时候,不要先行离场"。另外对参加宴会、晚会、陪同外宾参观、听外宾演讲以及各种交际场所,应该注意的种种礼节细节,都提出具体要求。

周恩来是新中国外交礼宾工作的奠基人,他一向严谨细致,对礼宾工作倾注了大量心血,对新中国礼宾风格的形成,有着重大影响。

(二)普通外宾的迎送礼仪

迎送普通外宾时,不举行官方正式仪式,但需根据客人的身份、地位,安排对口部门、对等身份的人员前往接待。对身份、地位高的客人,应事先在机场或车站安排贵宾休息室,并准备茶水饮料。

应提前安排好客人的住处、膳食,并尽可能在客人抵达之前将住房地点、房间号码、用餐方式、日程活动安排、联络人员等事宜通知客人,以让客人心中有数。

当客人抵达住处后,不可马上安排活动,而应让客人稍作休息。

 礼仪小贴士

> **涉外活动中的乘车位置有何讲究?**
>
> 接待外宾或参加涉外活动时,有时要安排迎送人员陪同乘车。一般情况下,双排五座轿车最尊贵的座位是后排与司机座位呈对角线的座位,即后排右座。其他位置的尊卑次序依次是:后排左座、后排中座、前排右座。

二、会见、会谈和签字仪式

(一)会见

会见是国际交往中常见的一种礼宾活动形式,也称接见或拜会。

1. 会见的分类

(1)按内容不同分类。根据内容不同,会见可分为礼节性会见、政治性会见和事务性会见三种。

- **礼节性会见**:是出于礼节的需要而进行的见面仪式,通常时间较短、主客双方讨论的话题较广泛,是一种纯粹性的礼节仪式。
- **政治性会见**:通常围绕双边关系、国际局势等重大问题而进行,有着较为突出的话题,多用来阐述观点、表明立场。
- **事务性会见**:涉及外交交涉、业务商谈和经贸、科技、文化交流等内容,通常有特定的主题和对象,目的性明确。

(2)按对象不同分类。根据会见对象不同,会见可分为个别约见和大型接见。

- **个别约见**:多是国家首脑或某个部门负责人就外交事务和业务问题,与特定人士所进行会面商谈的一种礼宾活动。这种会见方式的特点是所涉及的人员范围小，保密性高，往往用来谈论某些特定的事件或突发敏感问题。

◆ **大型会见**：是指会见一国或几国的群众团体、国际会议代表、重要的他国访问组织等，其规模较大、人数较多，是具有较高身份和地位的人士集中参与的活动。

2. 会见的座位安排

会见通常安排在会客厅或办公室。会见时的座位安排一般是：主宾坐在主人右边，翻译或记录员安排在主人和主宾的后排，其他随行人员按照迎宾时的顺序依次就座于宾客一侧，东道主的陪同人员就座于主人一侧，如图 3-4-5 所示。

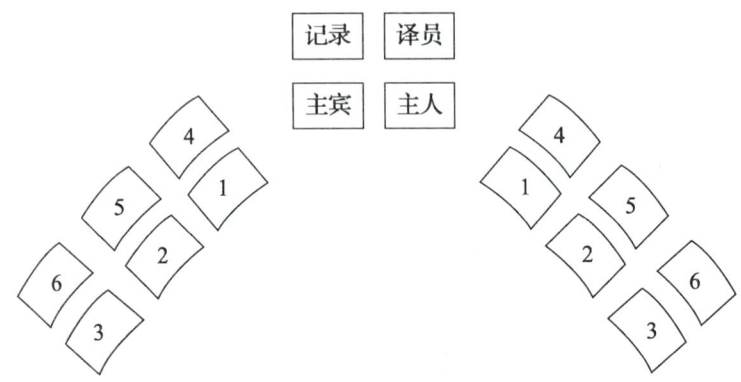

图 3-4-5　会见座位安排

3. 会见的服务礼仪

会见场所的光线和温度应根据实际情况或来访者的要求而定。一般情况下，夏季宜保持在 24～25℃之间，冬季宜保持在 20～22℃之间。

主人到门口迎接宾客时，服务人员应为宾客安排好茶水，并注意茶杯的摆放，使用有杯把的茶具时，一定要把杯把朝向宾客的右手一侧。初次斟茶时，以倒入茶杯的一半为宜，续水时，应根据实际情况灵活掌握。

宾客和主人入座后，服务人员应为宾客和主人递送毛巾，并热情道一声："请！"递送毛巾时，应按先宾客后主人，先主宾后随员的顺序服务。宾主用完毛巾后应及时回收，以保持会场的整洁。

（二）会谈

会谈是指在正式访问或专业访问中，双方或多方就某些重大的政治、经济、文化、军事以及其他共同关心的问题交换意见，或就具体业务进行谈判的活动。会谈通常较为正式，有较强的政治性或专业性，内容大都经过事先商定，并有相应的安排。

1. 会谈的座位安排

在会谈中，双方一般围桌而坐，通常使用长方形、椭圆形或圆形桌子，宾主相对而坐。以正门为准,主方占背门一侧,客方面向正门,主方领导居中,其他人按礼宾顺序左右排列;或主方在正门左侧,客方在右侧,如图 3-4-6 所示。

小范围的会谈,有时也不用长桌,只设沙发,双方座位按会见座位安排。

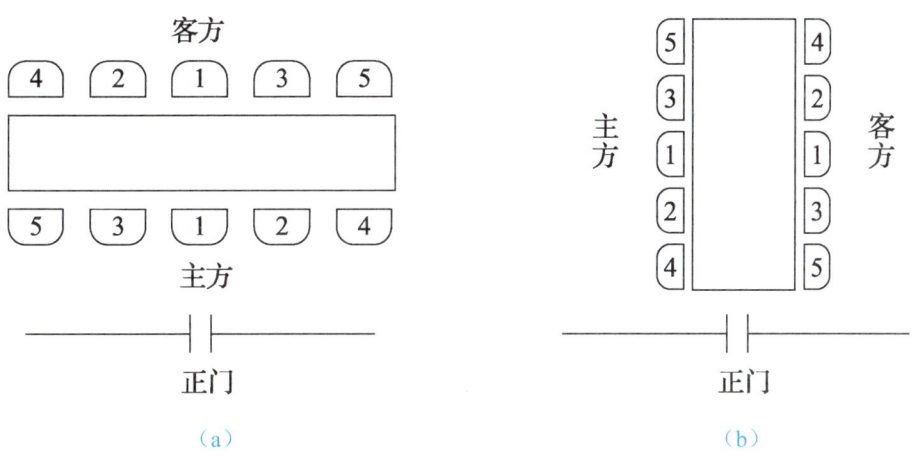

图 3-4-6 会谈的座位安排

2. 会谈的服务礼仪

会谈中的服务主要包括斟茶、续水、上毛巾等,有时还提供点心、水果和咖啡,其服务礼仪与会见大致相同。需注意的是,会谈前,应在每个座位前的桌面上摆放便签本和笔,以供参与人员记录使用。若会谈中间有休息时间,服务人员应迅速整理好座椅、桌面用品,但不能弄乱和翻阅桌面上的文件及物品。

(三)签字仪式

国与国之间通过谈判就政治、军事、经济、科技、文化等某一领域达成协议,缔结条约、协定和公约时,或者国家领导人访问后发表联合公报、联合声明时,通常要举行条约、协定、公报和声明的签字仪式。

1. 签字仪式的准备

签字仪式前应准备好签字文本,布置签字桌,按主左客右的位置,将各方的签字文本摆放于签字人就座的桌面上,并放置签字所需的文具。桌面中间应摆上插国旗的旗架,并插放双方国旗,如图 3-4-7 所示。

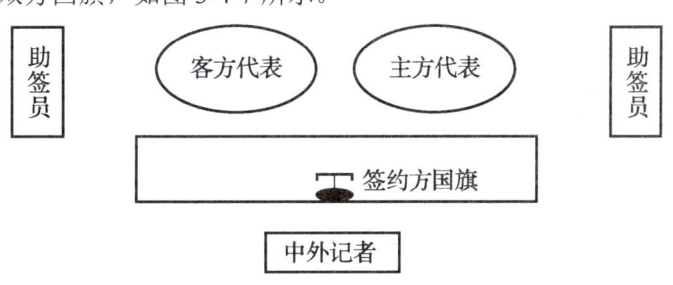

图 3-4-7 签字仪式现场布置

2. 签字仪式的基本程序

在具体操作签字仪式时，可以依据下述基本程序进行运作。

（1）宣布开始。有关各方人员应先后步入签字厅，在各自既定的位置上正式就位。

（2）签署文件。首先签署应由己方所保存的文本，然后再签署应由他方所保存的文本。依照礼仪规范，每一位签字人在己方所保存的文本上签字时，应当名列首位。因此，每一位签字人均须首先签署将由己方所保存的文本，然后再交由他方签字人签署。此种做法通常称为"轮换制"，其含义是：在文本签名的具体排列顺序上，应使有关各方均有机会居于首位一次，以示各方完全平等。

（3）交换文本。各方签字人此时应握手、互致祝贺，并互换方才用过的签字笔，以示纪念。全场人员应鼓掌，以表示祝贺之意。

（4）饮酒庆贺。有关各方人员一般应在交换文本后当场饮上一杯香槟酒，并与其他方面的人士一一干杯。这是国际上通行的一种增加签字仪式喜庆色彩的常规性做法。

3. 签字仪式的服务礼仪

当宾主双方到达签字大厅时，服务人员要主动上前为其拉椅让座。双方助签人员分别站在各自签字代表的外侧后方，协助其打开文件，指明签字位置。开始签字时，服务人员要站在签字桌的两头等候，准备随时为签字代表撤去座椅。还应提前安排服务人员开启香槟酒，倒入酒杯内（约六七分满），并端入大厅，站在签字台两侧约3米处，做好上酒的准备，但应注意不要影响签字环境。

涉外签字一般有两种文字的文本，当签字人员在一种文本上签完后，双方助签人员应交换文本，并由签字人员再次签字，并站起来正式交换文本，并相互握手。握手时，服务人员应上前撤除签字椅，随后，上香槟酒的服务人员分别将酒端至双方签字人员面前，请签字人员举杯祝贺。宾主干杯后，服务人员要迅速用托盘收起酒杯，请签字双方合影留念。仪式结束后，照顾签字代表离场。

如果是多边公约的签字仪式，通常仅设一个座位，一般由公约保存国代表先签字，再按既定次序由各国代表签字。

 礼仪知识窗

我国签字仪式的参考程序

（1）司仪宣布签字仪式正式开始。

（2）请双方负责人到主席台上分两边站立。

（3）中方代表致辞并简要介绍签约背景。

（4）请中方代表宣读中文协议书文本。
（5）请外方代表宣读外文协议书文本。
（6）请双方签字者就座，并在协议书上签字。
（7）交换文本。
（8）请服务员上香槟酒，大家共同举杯庆贺。
（9）中外双方合影留念。

第五章 餐饮礼仪

第一节 中餐礼仪

一、桌次和座次礼仪

（一）桌次礼仪

中餐宴会一般采用圆桌，视参加人数多少设一桌或多桌。正式宴会中的桌次安排应注意以下几个原则。

（1）居中为上。多张餐桌环绕摆放时，居于正中间的餐桌为主桌。

（2）以右为尊。多张餐桌横向并列摆放时，以面向宴会厅正门为准，右侧的餐桌位高于左侧餐桌。

（3）远门为上。多张餐桌纵向排列时，以距离宴会厅正门的远近为准，距门远者为上。

（4）临台为上。若宴会厅内有主席台，则背对主席台的餐桌为主桌。

两桌的小型宴会可根据场地横排或竖排，如图 3-5-1 所示。多桌宴会的排列有多种方式，如图 3-5-2 所示。

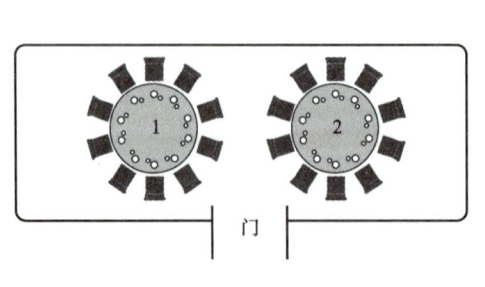 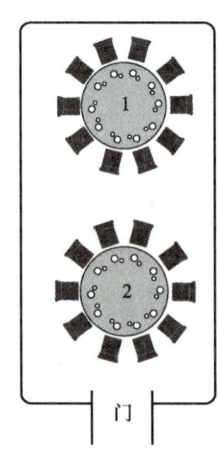

图 3-5-1　两桌排列方法

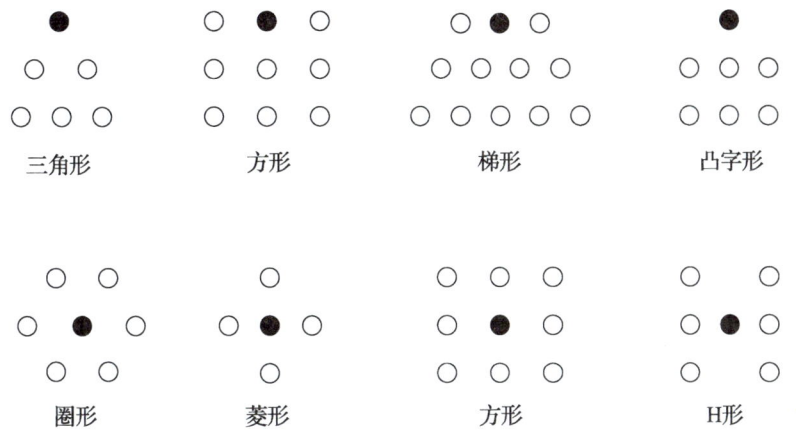

图 3-5-2　多桌排列方法

注：●表示主席，○表示客席。

（二）座次礼仪

在中餐宴会中，座次的排列一般遵循以下原则。

（1）面门为尊。即在每一张餐桌上，以面对宴会厅正门的中间座位为尊位。

（2）右尊左卑。即在每一张餐桌上，以面向宴会厅正门的视角或该桌主人座位的朝向为基准，右侧的座位尊于左侧的座位。

（3）近尊远卑。即在每张餐桌上，距离该桌主人较近的座位尊于较远的座位。

每桌只有一个主位时，座次排列如图 3-5-3 所示。每桌有两个主位时，座次排列如图 3-5-4 所示。

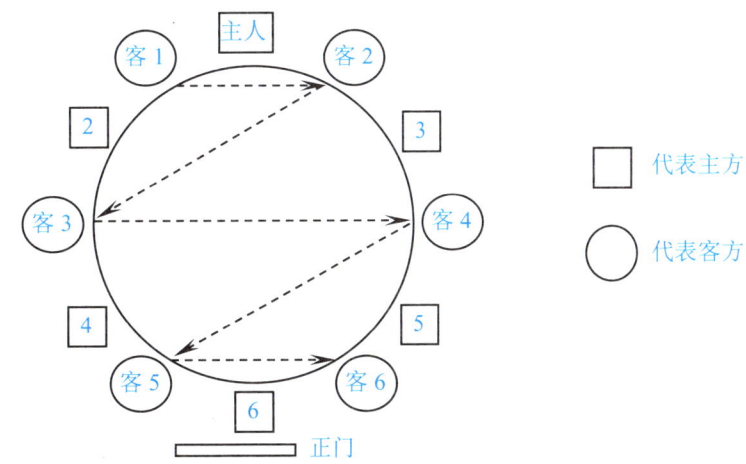

图 3-5-3　单主位情况下的座次排列

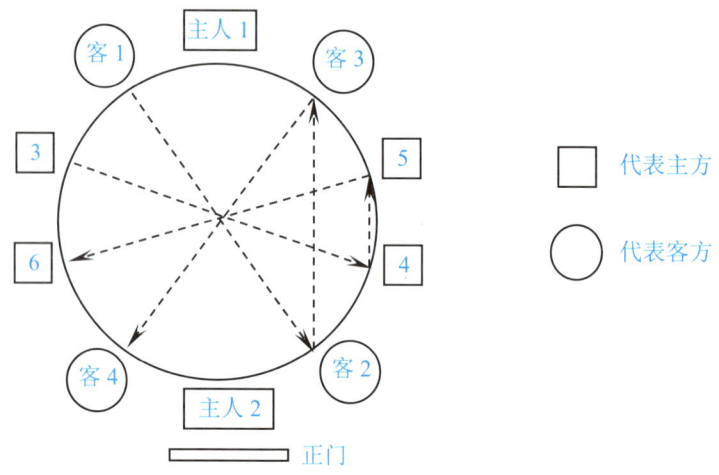

图 3-5-4 双主位情况下的座次排列

若主宾身份高于主人,可以把主宾安排在主人的位置上,主人则坐在主宾位置上,以示尊敬。

二、点菜礼仪

(一)各个角色的点菜礼仪

1. 主人

作为主人,应该在客人面前显示热情大方的态度,劝导客人多点美味的菜肴,做到"菜少则增,类缺则补。"点菜既要突出本地、本店的特色,又要照顾客人的口味、喜好。此外,点菜时要注意适量,不能为了排场面子而大肆铺张浪费,弄些不切实际的菜肴。

2. 客人

作为客人,主人请点时,可以告诉主人,自己没有特殊要求,客随主便;如果主人坚持,也不必推让,认真点上一两个平常菜,再请别人点菜即可。此外,对于别人点的菜,无论如何都不要有说辞。

(二)注意饮食禁忌

1. 宗教饮食禁忌

通常情况下,穆斯林忌吃猪肉、不喝酒,也不喝含酒精的饮料;佛教的僧侣和一些佛教信徒不吃荤腥食品(主要指肉食),以及葱、蒜、韭菜、芥末等气味刺鼻的食物。

2. 身体原因禁忌

有些人因身体原因而不能吃某些事物。例如，心脏病、脑血管、动脉硬化、高血压和中风后遗症患者不适合吃狗肉；肝炎患者忌吃羊肉和甲鱼；胃肠炎、胃溃疡等消化系统疾病患者不适合吃甲鱼等。

3. 饮食偏好

不同地区的人，其饮食习惯往往不同。例如，我国早有"东酸西辣，南甜北咸"的传统说法，湖南、四川等地的人普遍喜欢吃辛辣食物，北方省份的人多吃咸食，两广地区的人多吃甜食。

4. 职业禁忌

有些职业在吃饭时也有禁忌。例如，国家公务人员在公务宴请时不准大吃大喝，不准超过国家规定的用餐标准，不准喝烈性酒；驾驶员工作期间不得喝酒等。

三、中餐餐具的使用礼仪

中餐的餐具主要有筷子、勺子、碗、碟、杯子和辅助餐具等，用餐人员在使用这些餐具时应当遵循以下基本礼仪。

（一）筷子的使用

- 用餐时，一定要将筷子的两端对齐，切忌出现一长一短的情况。
- 夹菜时，筷子上不能残留着食物，更不能舔食残留食物或把筷子含在嘴里；不能举着筷子犹豫不决地在菜盘上巡探，也不能用筷子在菜盘里翻找挑拣或一次性夹过多的菜；夹菜途中，不能让菜汁一路滴落；若遇到其他客人夹菜，则应注意避让。

筷子是怎么来的

- 在用餐过程中进行交谈时，应暂时放下筷子，而不能举着筷子在餐桌上挥舞，或者拿着筷子像要迫不及待地去夹菜。
- 不能把筷子放在碗上，否则有祭奠或上香之嫌。
- 不能用筷子敲打碗、盘或茶杯。

（二）勺子的使用

- 用勺子取食时不可取得过满，以免菜肴或汤汁溢出来弄脏餐桌或衣服；舀取食物后，应在原处停留片刻，待菜汁不再往下流时再取回来享用。
- 若取用的食物过烫，则应先将食物放到碗里，待其稍凉后再吃，而不能用勺子在食物中舀来荡去，也不能用嘴来回吹取回的食物。
- 食用勺子里的食物时，不要将勺子和食物全部塞入口中，或者反复吮吸、舔食勺子。

◇ 暂时不用勺子时，应将其放在自己的碟子上，而不可放在餐桌上或插在食物中。

（三）碗、碟的使用

碗主要用于盛放食物，碟主要用于暂放从菜盘里取回的菜肴，二者的功能大致相同。在使用碗、碟时应注意以下礼仪规范：

◇ 不要用双手端起碗来进食；进食时，应以筷子、勺子从碗内取食，不能直接用手取用，更不能直接用嘴吸食或把食物往嘴里倒；不能舔食碗内的剩余食物。

◇ 不要一次性取过多的食物堆放在碟子里，否则，不同的食物容易相互串味，且极不美观。

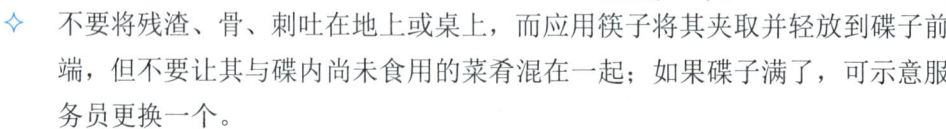

◇ 不要将残渣、骨、刺吐在地上或桌上，而应用筷子将其夹取并轻放到碟子前端，但不要让其与碟内尚未食用的菜肴混在一起；如果碟子满了，可示意服务员更换一个。

（四）杯子的使用

杯子有酒杯和水杯之分，酒杯用于盛酒，水杯用于盛放清水、果汁、可乐等饮料，二者应分开使用。此外，应当注意的是，不要倒扣杯子，不能将喝入口中的酒或饮料再吐回杯中。

（五）湿巾的使用

用餐前，每位用餐者面前的盘子里通常会备有一块湿巾。该湿巾只用来擦手，擦完后应放回盘子，由服务员收走。有时，在用餐结束前，服务员会再端上一块湿巾，该湿巾只能用来擦嘴，而不能用来擦脸或擦汗。

（六）水盂的使用

水盂通常为铜盆、大瓷碗或水晶玻璃缸，用于盛放清水，供用餐者在用手取食之前洗手。水盂中常漂有玫瑰花瓣或柠檬片，切勿误当饮料饮用，否则将招致笑话。

在水盂里洗手时的礼貌做法如下：先轮流沾湿两手的指尖，然后轻轻涮洗双手，切勿乱甩、乱抖。洗完后将手置于餐桌之下用餐巾或湿巾擦干。

（七）牙签的使用

用餐时，尽量不要当众剔牙。非剔不可时，应用一只手掩住口部进行；剔出的东西不要当众观赏或再次入口，更不要随手乱弹；不要长时间叼着牙签，更不要用剔过牙的牙签扎取食物。

四、用餐礼仪

（一）用餐时间

根据用餐时间的不同，中餐宴会可分为早餐、午餐、晚餐三种。确定正式宴请的具体时间时，要遵从民俗惯例。一般来说，主人要主随客便，优先考虑被邀请者，特别是主宾的实际情况，最好先和主宾协商一下，力求双方方便。总之，要尽可能提供时间上可行性的选择，以表示诚意。

（二）用餐地点

主人在确定用餐地点时，必须考虑以下几个方面。

1. 环境优雅

宴请不仅是为了"吃"，用餐地点的档次、品位也非常重要。如果用餐地点档次过低，环境不好，即使菜肴再有特色，也会使宴请的品质大打折扣。因此，应尽量选择清净、优雅的地点作宴请场所。

2. 卫生条件好

确定宴请的地点时，一定要查看卫生状况。如果用餐地点脏、乱，不仅卫生问题让人担心，而且还会破坏用餐者的食欲。

3. 交通便捷

确定宴请地点时，还要考虑其交通问题，如有无公共交通线路通过、有无停车场，是否要为聚餐者预备交通工具，以及该地点的设施是否完备等。

（三）餐桌礼仪

（1）入席后，须等主人示意开宴，方能开始用餐。

（2）用餐过程中，应尽量取离自己较近的菜肴。取菜时，不要在菜盘内挑挑拣拣，夹起来又放回去。取菜要注意相互礼让，同时要适量，不要过量夹取符合自己口味的菜。

（3）主人可以劝客人多用一些，或是品尝某道菜肴，但不应该擅自主动为客人夹菜、添饭，这样做不只是卫生问题，而且还可能会给对方造成困扰。

（4）进餐时，应小口进食，动作优雅，不要大口狂塞，也不要发出任何声音。若发出不由自主的声音（如打嗝、打喷嚏、肠鸣等）时，则应向同桌的客人表示歉意。

（5）进餐的过程中，应适时地和左右两侧的就餐者交谈。交谈时，应注意选择愉快的话题。但应注意，口内有食物时，应当避免说话，他人在咀嚼食物时，则应避免与其交谈。

（6）进餐时，不要当众修饰仪容，如梳理头发、补妆等。若确有必要，则应去化妆间或洗手间进行。

（7）客人应等主人用餐结束后才可离席。离席时，应向主人表示感谢，并顺手将椅子放回原处。如果有事要提前离席，则应向主人及同席的客人致歉。

五、饮酒礼仪

在中国，酒作为一种文化现象，其含义是深邃而富有韵味的。喝酒不分贵贱，但有雅俗之别，要讲礼节、有酒品。

（一）斟酒

主人为来宾斟酒，应当场启封。斟酒时要一视同仁，切勿挑挑拣拣或只为个别人斟酒。同时，还要注意斟酒顺序，可以先为尊长、嘉宾斟酒，也可以从自己所坐之处依顺时针方向进行。此外，还要做到斟酒适量，白酒与啤酒均可以斟满，但不能过满。

客人在侍者为其斟酒时，要向侍者道谢，但不必拿起酒杯。但是，主人亲自斟酒时，则必须端起酒杯致谢；必要时，还须起身站立或欠身点头致意。

（二）敬酒

敬酒也称祝酒，是指在正式宴会上，由主人向来宾提议，为了某种事由而共同举杯饮酒的行为。在敬酒时，通常要讲一些表示祝愿、祝福之类的话。在正式的宴会上，主人与主宾还会郑重其事地发表一篇专门的祝酒词。因此，敬酒在宴会上显得尤为重要，是不可缺少的一个环节。

正式的敬酒一般应安排在特定的时间进行，并以不影响来宾用餐为首要考虑因素。通常，致祝酒词最适合在宾主入席后、用餐前开始，或者在吃过主菜之后进行。祝酒词应内容精简，千万不要口若悬河、高谈阔论，让客人长时间等候。在他人敬酒时，在场者应该暂时停止用餐和其他与敬酒主题不相干的动作，坐在自己的座位上，面向对方认真聆听，不要轻声讥讽对方的言论和表现，或公开表示出不屑、反感等。

一般来说，敬酒者应该把自己的酒喝干，这样才能表达自己的诚意。如果对方的酒量不错，可以提议干杯，若对方酒量尚浅，则不必勉强对方，可以说"我干了，你随意"，更不能勉强长者。

（三）拒酒

在宴请过程中，不会喝酒或不打算喝酒的人，可以婉言谢绝他人的劝酒。例如，说明自己不能饮酒的客观原因，或主动以其他饮料代酒。

谢绝饮酒时，不能在他人为自己斟酒时又躲又藏、乱推酒瓶、倒扣酒杯或将自己杯中的酒偷偷倒掉，更不能把自己喝了一点的酒倒入别人杯中。按照礼节，杯子里的酒是可以不喝的，而空着杯子是不妥当的。

 礼仪知识窗

饮酒忌

忌耍酒疯： 有人在饮酒时经常"酒不醉人人自醉"，借机生事，装疯卖傻，胡言乱语。

忌酗酒： 有的人嗜酒如命，饮酒成瘾。这不仅有害身体健康，而且也有损个人形象。

忌灌酒： 祝酒干杯，需要两相情愿，千万不要强行劝酒。

忌划拳： 有人饮酒时喜欢猜拳行令，大吵大闹，哗众取宠。这种做法也是非常失礼的。

第二节　西餐礼仪

一、餐前礼仪

（一）预约饭店

西餐礼仪

在西方国家，去饭店吃饭一般都需要事先预约。在预约时，首先要说明时间和人数，其次要表明是否要吸烟区或视野良好的座位。如果是生日或其他特别的日子，可以告知宴会的目的和预算。预约之后，应在预定时间到达。

133

（二）着装

穿着大方得体是欧美人的常识。去高档的西餐厅，男士要穿着整洁，有正装要求的，还必须打领带或领结；女士要穿晚礼服或套装，以及有跟的鞋子。

（三）安排席位

西餐宴会中，各种台形宾主席位的安排大致相同，座次排列的总体原则是：女士优先、以右为尊、面门为上、近高远低、交叉排列。主人席通常安排在席台上方正中，主宾席位安排在主人右边，副主宾安排在主人席位的左边，其他客人再按照相关原则依次排列，常见的排位方法如图3-5-5所示。

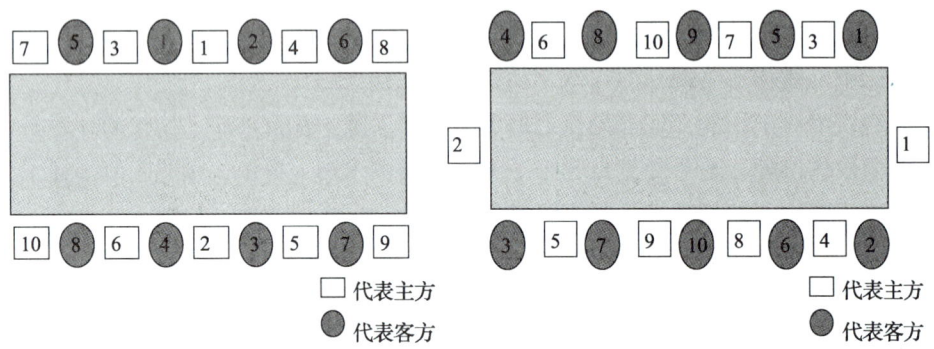

图3-5-5　西餐宴会座次排列方法

（四）入座

在礼仪上，要体现"女士优先"原则。进入餐厅时，男士应开门，请女士进入，让女士走在前面；到达桌位后，男士应先安排女士入座，待女士落座方能坐下。

最得体的入座方式是从左侧入座，当椅子被领位者拉移，身体站直在接近桌子处，领位者将椅子推进至腿弯处，就可以坐下来了。

二、上餐礼仪

西餐的上餐礼仪主要是指上菜的顺序。一般情况下，西式宴请中的上菜顺序如下。

（1）头盘。也称开胃菜，有冷头盘和热头盘之分，常见的品种有鹅肝酱、鱼子酱、熏鲑鱼等，其味道以咸、酸为主，通常品精量少。

（2）汤。即西餐的第二道菜，常见的有海鲜汤、蘑菇汤、牛尾清汤、葱头汤等。

（3）副菜。即水产类、蛋类、面包类、酥盒类菜肴的统称，因其鲜嫩易消化，所以放在主菜之前。其中，吃鱼类菜肴时，讲究使用专用的调味汁，如鞑靼汁、荷兰汁、酒店汁、白奶油汁、大主教汁、美国汁和水手鱼汁等。

（4）主菜。即各种肉、禽类菜肴。肉类菜肴的原料主要是牛、羊、猪等各个部位的肉，其中最有代表性的是牛排。肉类菜肴配用的调味汁主要有黑胡椒汁、浓烧洋葱汁、蘑菇汁等。禽类菜肴的原料主要是鸡、鸭、鹅或用兔和鹿肉等野味，常采用煮、炸、烤、焖等方法制作。禽类菜肴配用的调味汁主要有咖喱汁、奶油汁等。

（5）沙拉。即蔬菜类菜肴，可与主菜同时上桌，也可在主菜后上桌。沙拉一般由生菜、西红柿、黄瓜、芦笋等制作而成，其调味汁主要有醋油汁、乳酪沙拉汁等。

（6）甜品。即在主菜之后食用的小点心，如布丁、冰淇淋、奶酪、水果等。

（7）热饮。即咖啡或茶，二者选其一。饮咖啡时一般应加糖和淡奶油；饮茶时一般应加香桃片和糖。

三、西餐餐具的摆放和使用礼仪

西餐餐具一般包括刀、叉、匙、盘、杯和餐巾。其中，刀分为肉刀、鱼刀、甜点刀、黄油刀等，叉分为肉叉、鱼叉、甜点叉、沙拉叉等，匙分为汤匙、甜品匙、茶匙或咖啡匙等，盘分为垫盘（用于切割或盛放食物的盘）和甜点盘，杯分为红葡萄酒杯、白葡萄酒杯和水杯。

（一）西餐餐具的摆放礼仪

西餐餐具的种类和数量较多，摆放的位置也十分讲究。通常，餐具的摆法如下。

垫盘放在餐位的正中间。垫盘的正中心放叠好餐巾，其左侧纵向放叉，叉齿向上，右侧纵向放刀和汤匙，刀刃朝向垫盘，匙心向上；叉的左侧纵向放甜点盘和黄油刀，刀刃朝向垫盘；垫盘的正前方横向放甜品匙和甜点叉，匙柄朝右，叉柄朝左；垫盘的右前方斜向放 3 只杯子，通常，杯子从右到左依次为白葡萄酒杯、红葡萄酒杯和水杯（有时也为香槟酒杯、葡萄酒杯和水杯）。整套餐具的摆放应如图 3-5-6 所示。

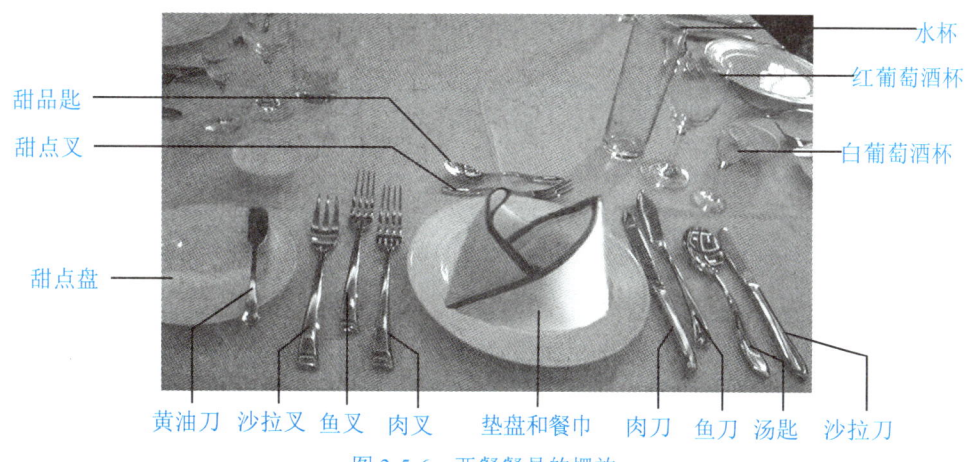

图 3-5-6　西餐餐具的摆放

（二）西餐餐具的使用礼仪

1. 刀叉的使用

（1）使用刀叉时，应从外侧向内侧取用，左手拿叉，叉齿向下，右手拿刀，刀刃向下。切割食物时，拿叉按住食物，用刀切成小块，被切成小块的食物应刚好适合一次性放入口中，如图 3-5-7 所示。在切割食物时，要双肘下沉，不要左右开弓，更不要弄出声响。

图 3-5-7　刀叉使用

（2）在进餐途中需要休息时，可使叉在左、刀在右，叉齿向下，刀刃向内，二者呈"八"字形摆在餐盘中央，以表示此菜尚未用完，如图 3-5-8 所示。就餐完毕，可将刀叉平行放在餐盘的同一侧，如图 3-5-9 所示。这时，即使盘里还有东西，服务员也会明白你已经用完餐了，会在适当的时候把盘子收走。

图 3-5-8　八字形摆放刀叉

图 3-5-9　刀叉并排

（3）在进餐途中的任何时候，都不要将刀或叉的一端放在盘上，另一端放在桌上。

2. 餐匙的使用

西餐中的餐匙主要指汤匙、甜品匙或茶匙，汤匙、甜品匙、茶匙分别用于饮汤、取甜品、搅拌茶或咖啡，三者不可混用，不可用汤匙和甜品匙舀取其他任何主食或菜肴，也不可用茶匙舀取茶水或咖啡。

3. 餐巾的使用

用餐前，通常应将餐巾打开，沿对角线折成三角形状或平行对折成长方形，平铺在双腿上，并将折口朝外，以便拿起来擦拭嘴巴，如图 3-5-10 所示。不能用餐巾擦汗、擦脸或擦鼻涕，更不能用其擦拭餐具或餐桌。

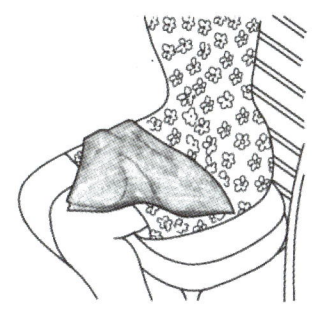 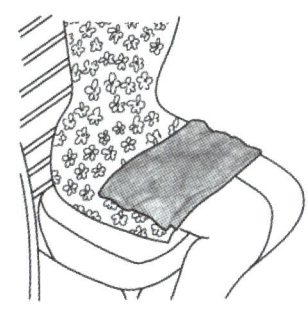

图 3-5-10　餐巾的折叠样式

用餐期间暂时离席时，应将餐巾放在自己的座位上，以示稍后会继续用餐。用餐结束后，则可将餐巾放在餐桌上，以示停止用餐。

四、进餐礼仪

（一）餐前的交流

在进餐之前，应尽可能与周围的人相互问候、介绍和交流，以联络感情或认识新朋友，切勿沉默不语。

（二）进食的方法

西餐菜肴和中餐菜肴的吃法有较大差异，下面简要介绍常见的西餐菜肴的吃法。

（1）肉类的吃法。吃肉时，应使用叉将肉按住，用刀从肉的左侧开始，将其切成小块，边切边吃。切肉的时候不宜发出声响，也不宜一次性将肉全部切成小块，以免肉汁过早流出而影响口感。

（2）鱼类的吃法。吃全鱼时，先用刀叉将鱼的头、尾、鳍切除，再吃鱼肉。吃鱼肉时，应从左到右边切边吃，切勿翻动鱼身。吃完鱼肉的上层后，用刀叉剔掉鱼骨，再吃下层。若口中有鱼骨或鱼刺，则可用手从合拢的唇间取出放在盘中。

（3）汤的喝法。喝汤时，必须用汤匙舀起来喝，不可发出声响，也不可频率过快。如果汤太烫，则应待其自然降温后再喝，切勿用嘴将其吹凉。

（4）面包的吃法。吃面包时，可用左手拿面包，用右手把其撕成小块、涂上奶油后再吃。不可拿着一整块咬着吃，也不可用其蘸汤吃。

（5）酒的喝法。喝酒时，应先轻轻摇动酒杯，闻一闻酒的醇香，然后倾斜酒杯小口地轻轻喝，切勿吸着喝或者一饮而尽。

（6）水果的吃法。吃水果时，应先用刀将其切成片，然后去皮与核，再用叉子取食，而不要拿起整只用嘴咬着吃。

（7）咖啡的喝法。喝咖啡时，应先往咖啡杯里加入少许糖和牛奶。加砂糖时，可用咖啡匙舀取后直接加入杯中；加方糖时，则应先用糖夹将方糖夹到咖啡碟面向自己的一侧，再用咖啡匙把方糖放入杯中。在加入糖和牛奶之后，应先用咖啡匙搅匀咖啡，然后将咖啡匙放在碟子的左边，再用食指和大拇指端起咖啡杯饮用。

（三）用餐时的举止

吃西餐时，应坐姿端正，不可伸腿或跷起二郎腿，也不可将胳膊肘放到餐桌上，更不可频频晃动身体。用餐时，不能把刀叉伸进嘴里，也不能拿着刀叉挥舞或做手势。在用餐的过程中，可以与周围的人相互交谈，但不可大声喧哗，也不可抽烟。

五、酒与食物的搭配

食物和酒类主要有酸、甜、苦、咸四种口味，这就界定了食物和酒的搭配范围。

（一）酸味

一般来说，酒不能与沙拉搭配，因为沙拉中的酸会极大地破坏酒的醇香。但是，如果沙拉和酸性酒同用，沙拉中的乳酸就会将酒里所含的酸分解，这就变成了一种绝好的搭配。因此，酸性酒可以和酸性食物一起食用。

（二）甜味

一般说来，甜食会使酒的口味减淡。因此，吃甜食时，可以选择略甜一些的酒，这样酒才能保持原来的口味。

（三）苦味

苦味酒和带苦味的食物一起食用会使苦味减少，所以如果想降低或消除苦味，可以将苦味酒和带苦味的食物搭配食用。

（四）咸味

西餐中一般没有咸味酒，但有许多酒类能降低含盐食品的咸味。许多国家和地区食用海产品（如海鱼）时，都会配用柠檬汁或酒类，主要是因为酸能降低鱼类的咸度，食用时更加鲜美可口。因此，可以将酸性酒与含咸食品搭配食用。

第三节　宴会礼仪

宴会是指以用餐为形式的社交聚会，它是国内外社交中常见的活动形式之一。

一、宴会的类型

宴会主要有国宴、正式宴会、便宴和家宴四种。

（1）国宴是规格最高的宴会，盛大隆重，礼仪严格。

（2）正式宴会在规格和标准上都低于国宴，通常是政府和团体有关部门为欢迎应邀来访的宾客，或来访的宾客答谢主人而举行的宴会。

（3）便宴指非正式宴会，常见的是午宴、晚宴，也有个别情况下的早宴。宴会形式简便，不明确排列席位，对菜肴的数量、上菜程序、餐具的使用等都没有严格的礼仪要求。

（4）家宴是指在家中以私人名义举行的宴请仪式，气氛轻松，不讲究严格的礼仪。家宴是我国常见的宴请方式，以其灵活、简便、亲切、自然的氛围受到人们的青睐。在这里，我们主要介绍家宴的相关礼仪。

二、家宴礼仪

家宴最重要的是要制造亲切、自然、友好的气氛，使宾主双方轻松、自然、随意，彼此增进交流、加深了解、促进信任，在礼仪上往往不作特殊要求。为了使来宾感受到主人的重视和友好，往往由主人或女主人亲自烹调食物，共同招待客人，使客人产生宾至如归的感觉。

（一）主人的礼仪

1. 时间选择

请客时间应当选择在大家休息的日子，不占用工作时间。我国一般以午餐为正餐，西方国家的宴请常设在晚上。但随着我国经济生活的变化，晚餐请客也日益增多。

选择时间时，应同主要客人当面商定或电话商定，隆重的家宴可用请柬邀请，以表诚意和敬意。

2. 菜肴准备

家宴不必太丰盛，但是菜肴样式应尽量周全，冷菜、热菜、主菜、配菜、汤类都要准备。饭前用酒的，冷菜要多些；会饮酒的人少或不用酒的，冷菜可少些。此外，菜的档次要适当，不要一味追求高档，过分铺张。

俗话说，"无酒不成席"。饮酒的过程是交谈、叙旧、增进感情的好时机，适时的敬酒、得体的酒令，会为家宴创造欢乐的气氛。因此，主人应根据客人的情况准备白酒、果酒、啤酒和饮料等，以使客人尽兴。

3. 其他准备

待客前，要把房间整理一下，门庭、楼梯也要打扫干净；要告诉家里人，特别是要教育好孩子，对客人要热情欢迎，盛情接待，讲究文明礼貌；有老人的，可以请老人陪客叙谈。

4. 迎客入席

客人到来时，全家人都要出来表示欢迎，并殷勤接待。菜上妥后，便可请客人入席。长幼、宾主依席次而坐。

5. 用餐礼仪

客人全部入席后，主人便可斟酒开宴，先从主客斟起，以下可按顺时针方向依次而斟，到本人位前要隔过去，最后自斟。斟酒不要过满，动作要轻缓。

（二）客人的礼仪

1. 准时赴宴

客人应按宴请的时间、地点及其他要求准时出席。既不要迟到，又不要过早抵达。到场太早，主人尚未做好接待准备，容易给主人添麻烦；过迟，则会使宴会受到影响，不仅会给主人带来不便，还会使其他宾客感到不悦。

2. 举止礼貌

到达主人家或宴会厅后，应首先跟主人打招呼，同时对其他客人要微笑点头示意或握手问好；对长者要主动起立，让座问安；对女宾要举止庄重，彬彬有礼。

入席时，要听从主人或招待人员的安排。如果座位没定，应让身份高者、年长者和女士先入座，自己再找适当的座位坐下。入座后，坐姿要端正，脚踏在本人座位下，不要任意伸直或两腿不停摇晃；手肘不得靠桌沿，或将手放在邻座椅背上。此时，可以和同席客人简单交谈，不要旁若无人，或者盯着盘中菜肴，显出迫不及待的样子。

用餐时，一般应在主人示意开始后再进行。就餐的动作要文雅，夹菜动作要轻；送食物入口时，要小口进食，两肘不要向两边张开，以免碰到邻座；不要在吃饭、喝饮料、喝汤时发出声响；如要用摆在同桌其他客人面前的调味品，应先向别人打招呼，如果太远，要客气地请人代劳；如果在宴会结束前已用好餐，要等主人和主宾餐毕先起身离席，其他客人才能依次离席。

> **宴会中遇到意外情况的应对方法**
>
> 宴会过程中，如果不慎发生意外情况，应沉着冷静，不必慌乱。若餐具碰到盘子发出声响，应轻声向邻座或主人致以歉意；若餐具掉落到地上，应招呼服务员过来另送一副；若不小心打翻酒水溅到邻座身上，应表示歉意，协助其擦干，但如果对方是异性，只要将干净餐巾递上，由其自己擦干即可。

第四节　招待会礼仪

招待会是一种不备正餐、形式较为灵活的宴请方式。一般来说，招待会只备方便食品、酒类、饮料、水果等，通常不排座次，客人可以自由活动。常见的招待会有冷餐会、酒会等，多围绕某一主题而举办。

一、冷餐会

冷餐会又称自助餐，是西方国家较为流行的一种宴会形式，主要适合于举行人数较多的盛大庆典、欢迎会等活动采用。冷餐会主要有以下几个特点：以冷菜、酒类、点心、饮料、水果等招待宾客，也可搭配适量热菜；各种菜肴和酒水，连同餐具、酒具都放置在餐桌上，供客人自选自取，也可由服务人员端送；客人可自由走动，相互攀谈。冷餐会可在室内、庭院或花园里举行，举办时间通常在中午12点至下午2点，或者下午5点至7点。

以就餐者的身份参加自助餐会时，应注意以下几个方面的礼仪规范。

（1）排队取菜。取菜时，不允许乱挤、乱抢、乱加队，更不允许插队。

（2）循序取菜。取菜的先后顺序一般为：冷菜、汤、热菜、点心、甜品、水果。

（3）多次少取。每次取食应量力而行，避免浪费。

（4）禁止外带。自助餐只允许就餐者在用餐现场自行享用，不能外带。

（5）送回餐具。自助餐强调的理念是客人自我服务，因此在用餐结束后，应自觉将餐具送至指定位置。

（6）以礼相待。用餐过程中，对于其他相识或不相识的用餐者要以礼相待，在排队、取菜、寻位等过程中，要主动谦让，不可目中无人。

二、酒会

酒会是以酒水为主招待客人的一种宴请形式。酒会提供的酒品除一些中外名酒、地方名酒、特色酒外，还有许多用酒和软饮料调制而成的鸡尾酒，所以酒会有时也称为鸡尾酒会。酒会上还应略备一些小吃，如三明治、面包、热香肠、炸薯片等供客人食用。酒会一般不设桌椅，仅置小桌或茶几，以便客人随意走动。

酒会的气氛比较自由轻松，因此赴会者在衣着方面不用讲究太多，只需穿便装即可。酒会举行的时间较为灵活，中午、下午、晚上均可。主人需在请柬上注明整个活动延续的时间，并派专人负责在门口迎接。客人一般不应迟到，如果因故迟到，不能超过30分钟；如果要提前离开，应向主人道别并致歉。

三、茶会

茶会又称茶话会，是以茶会友的一种简便的招待形式，招待品以茶饮为主，可略备点心和风味小吃。茶会对茶叶、茶具均有讲究，一般以上等茶叶和陶瓷器具作招待之用，外国人出席可用红茶、咖啡、冷饮招待。

茶会的举办时间一般定在上午 10 点或下午 4 点左右，地点常设于客厅、会议室等处，会场内设茶几、座椅，不排座次。入座时，主人可有意识地同主宾坐在一起，其他人随意就座。

 礼仪知识窗

茶叶的分类

从加工制作方法上来看，我国的茶叶主要分为绿茶、红茶、乌龙茶、花茶、沱茶、砖茶。

绿茶是不经过发酵而制作的茶。它具有抵抗氧化、消暑降温的作用，所以很受人们喜欢。著名的绿茶有杭州龙井的龙井茶、江苏太湖洞庭山的碧螺春、河南信阳的信阳毛尖、安徽黄山的毛峰、安徽六安的瓜片、湖南洞庭湖的君山银针等。

红茶是经过烘制发酵制作的茶。红茶沏出的茶水颜色浓艳，味道芳香，能够暖胃补气。著名的红茶有安徽祁门的红茶和云南西双版纳的滇红茶等。

乌龙茶是一种半发酵的茶，茶叶松散而肥大，茶水颜色金黄。最好的乌龙茶是产在福建武夷山的武夷岩茶。

> 花茶也称香片,是我国独有的一个茶类,是在茶叶中加入香花熏制而成的茶。冲泡的花茶芳香非常,令人神清气爽,适合用来待客。最有名的花茶是福建的茉莉花茶。
>
> 沱茶是产于云南、四川的一种茶,经过压制,像个圆圆的馒头。
>
> 砖茶,形状像砖头,是把茶叶压制而成的一种茶叶,是内蒙古、宁夏地区的少数民族喜欢喝的茶;也有加上牛奶一起煮的,别有一番风味。

第五节　工作餐礼仪

工作餐是现代交往常用的一种非正式宴请形式,主要是利用进餐的时间,围绕工作中的问题,边吃边谈,讨论交流。通常在中午举行,一般不请家人和与工作无关的人加入。

一、时间

举行工作餐的具体时间,原则上应当由工作餐的参与者共同协商决定,有时,亦可由做东者首先提议,并且经过参与者的同意。

按照惯例,工作餐一般应安排在工作日举行,最佳时间应当在 12:00 或 13:00 左右。若无特殊情况,每次工作餐的进行时间以一个小时左右为宜,最多也不应当超过两个小时。当然,若是届时要事尚未谈完,而大家一致同意,适当地延长一些时间也未必不可。

二、地点

按照惯例,举行工作餐的地点应由主人选定,客人则应客随主便。例如,饭庄、酒楼的雅座,宾馆、俱乐部、康乐中心附设的餐厅,高档的咖啡厅、快餐店等。但是,在做出具体的选择时,主人应考虑客人的习惯与偏好,并给予适当的照顾。如果有必要,主人不妨同时向客人推荐几个自己钟意的地点,请客人从中挑选。

三、进餐

作为主人,邀请客人举行工作餐的时候,必须注意以下几点。

（一）通知客人

如果宾主双方事先商定要举行工作餐，那么主人在操办完具体事宜之后，仍须再一次将详情通知客人。

如果受邀出席工作餐的人员中，有彼此之间尚未相识的，则在邀请对方时，应事先打好招呼。若无特殊原因，出席工作餐的人员一经确定，并正式通知之后，不宜临时再有增加；如要增加，务必征得客人的同意。

（二）餐厅订座

选择一些出名的餐馆举行工作餐时，通常需要预订座位。切忌贸然"率队"前往，以免发生意外，如排长队、满座等，以致严重影响就餐情绪。

订座时，必须落实自己的有关要求，如理想的位置、用餐的时间、用餐的人数、特别的要求、付费的方式等。即使座位已经预定，主人也要派人提前到现场确认，以免届时出现"座位危机"。

（三）迎候客人

举行工作餐时，主人必须先于客人抵达用餐地点，迎候客人的到来。在正常情况之下，主人应至少提前 10 分钟抵达用餐地点，稍作休整后，即应在适当之处恭迎客人们的到来。一般认为，餐馆的正门之外、预订好的餐桌旁、餐馆里的休息室，以及宾主双方约好的会面地点等，都是比较合适的迎宾地点。

倘若宾主在此之前尚未谋面，主人还可亲自驱车前往迎接客人。另外，也可以在通知对方之时，与对方互相通报一下宾主双方各自的基本特征，如性别、年龄、高矮、胖瘦、着装等，以便于双方届时相互辨认。

在迎候地点，宾主双方见面之后，应一一握手，并且互致问候。如果双方的人员不尽熟悉，双方的负责人还须一一介绍自己的随员。

如果主人因故不能提前抵达用餐地点迎候客人，最好应委托专人代表自己前往。必要时，主人还须说明原因，并为此向客人致歉。不管怎么说，客人准时抵达后而无人迎候，都算是主人的失礼。

（四）结算餐费

具体来讲，工作餐的付费方式通常可分为主人付费与各付其费两种。

（1）主人付费，是指在就餐结束后，由主人负责买单付账。如果宾主十分熟悉，主人可在用餐结束时当着客人们的面结账。如果宾主双方初次相识，或者交往不深，则主人不宜当着客人的面查看账单和付钱，也不要让侍者当着客人们的面口头报账，更不能让侍者将账单不明主次地呈至客人手中。此时，得体的做法是，先与侍者打个招呼，结账时独自前往收款台买单即可；或是在送别客人之后，主人再回店结账。

（2）各付其费，又称"AA 制"，即全体用餐者平均分摊账单，各自支付所应支付的费用。在国外，商界人士在共进工作餐时，更多的是以此种方式付费。采用此种付费方式时，主客双方要事先明确。在算账时，主人所要做的，主要是动手算账、伸手收钱、跑腿交费而已。

在结账时，不管是主人付费还是各付其费，都要符合本地的习惯。

第四部分
服务礼仪

第一章 服务礼仪概述

第一节 服务礼仪的概念及特点

服务礼仪是礼仪的一种,是指在各种服务工作中形成的,得到共同认可的礼节和仪式,是服务人员在服务过程中恰当表示对服务对象的尊重和与服务对象进行良好沟通的技巧和方法。服务礼仪主要具有以下几个特点。

(1)规范性。服务人员在工作中应当严格遵守服务礼仪规范,不仅要按照一定的礼仪规范做好服务工作,而且服务过程中的言谈举止都要合乎礼仪。

(2)可操作性。服务礼仪的可操作性表现得非常具体,它不是"宾至如归""宾客至上""以人为本"的口号,而是一条条、一款款可操作的细则。例如,有的酒店规定:服务人员在客房走廊遇到对面走来的客人时,应在双方相距两三米的地方,向己方右侧并一步,最好站在离墙边半米左右的位置,身体向左侧侧转45°面对客人。微笑注视客人后,鞠躬问候"您好"。

(3)灵活性。服务礼仪的规范虽然是具体的,但它不是死板的教条,是灵活的、可变的。在服务工作中,服务人员应该根据服务场合、服务对象等因素的不同,灵活地运用服务礼仪。

市场经济是一种竞争性经济,而对于服务型企业来说,服务则是企业之间竞争的最重要的焦点。用什么样的服务理念指导服务活动,对于能否赢得竞争优势,把握经营制胜的主动权十分关键。

第二节 服务礼仪的基本要求

一、树立服务意识

在服务工作中,服务人员首先应明确自己的社会角色,即"服务者",树立服务意识,主动热情地为服务对象服务。在服务实践中必须做到以下几点。

(1)视顾客为亲友。在服务实践中,对顾客要以亲友相待,以微笑的面孔、百倍的热情欢迎每一位顾客的光临。在为顾客服务过程中,应该体察顾客心理,想顾客之所想,解决好顾客的各种难题。

（2）顾客永远是对的。这句话真正的含义是说，在不违背重要原则的前提下，以顾客的意愿为核心，让他觉得他是对的。这句话是伴随着市场经济的迅速发展、消费者权益运动的日益高涨，由西方企业界提出来的，是"顾客就是上帝"这句口号的具体体现。

（3）把顾客视为单位的主宰。这既是由单位的经济属性，即谋求更高盈利的原始经营动机决定的，也是社会属性决定的奉献和获取经济利益相统一的服务理念的具体体现。

（4）强化服务理念，提升服务品位。理念支配人的行为，服务理念决定着企业的服务面貌。市场经济的发展，带来企业服务竞争的升级，迫切要求企业迅速更新理念，提升服务品位，创造服务特色。

二、做到工作自律

服务人员在工作岗位上的言行举止，不仅关系到自身的形象，还在一程度上还代表了单位的形象。因此，服务人员在工作时必须严于律己。在服务实践中必须做到以下几点。

（1）遵循"六不"和"四要"原则。"六不"即不对他人评头论足，不谈论个人薪金，不干私活，不接听私人电话，不打听别人隐私。"四要"即卫生要主动搞，个人桌面要整洁，同事见面要问好，办公室来人要接待。

（2）注意仪容修饰。在日常生活、工作中，要养成良好的卫生习惯，确保个人仪容仪表方面无异色、无异味、无异状。女性服务人员还应化淡妆，以示对服务对象的尊重。

（3）注意着装得体。作为一名服务人员，务必要谨慎对待着装问题。工作场合应着工作装，以展示职业形象，这对于提升工作状态，增进工作效果有着十分重要的作用。

礼仪小贴士

着装六忌

脏：在工作岗位上，没有任何理由使你的着装脏兮兮的。

乱：工作装或正装应力求庄重、素雅而大方，花色不要过于鲜艳抢眼。

奇：款式不应过分奇特，也不应在搭配上过于特殊。

短：衣着过分肥大或短小都是不得体的。尤其要避免着装过短的情况。在庄重严肃的场合不允许穿短裤、超短裙等过"短"的服装。

紧：女性还应避免使自己的正装过于紧身。服装过分地紧身只会产生两种结果：一是过度展示个人的线条，二是使自己内衣的轮廓不雅地外现。它们都只会破坏服装的美感，以至于影响个人的形象。

露：工作场合中，着装不允许过分暴露或透明。

（4）关系的协调。服务人员必须高度重视各种人际关系的协调，以礼待人，内求团结，外求和睦。具体来说，应处理好以下几方面关系。

◇ **和顾客的关系**：对所有顾客都要热诚接待、一视同仁，协调好和顾客的关系。即使和顾客发生了冲突，只要不违背原则问题，都应该站在体谅顾客的角度，妥善进行处理。

◇ **和上级的关系**：要服从上级的安排，支持上级的工作，并要维护上级的威信。

◇ **和下级的关系**：和下级相处时，应相互尊重，相互体谅，不徇私情。

◇ **和平级的关系**：要处理好与同级的关系，体现强大的团队精神，一要相互配合、互相勉励，二要保持同事间交往的适当距离，三是要诚信待人。

 礼仪知识窗

服务的五个层面

1. 用利服务

有些企业十分浮躁、急功近利、目光短浅，甚至见利忘义，搞"一锤子买卖"。利润至上、急功近利，是企业做不大、做不长、做不强的原因。这种服务叫"低劣的服务"。

2. 用力服务

相当多的企业服务仍停留在这个层面。把服务当成一种简单的工作，不动脑筋，只管制度面前人人平等，不管顾客的感受。面对顾客的正当要求，"对不起，这是我们的规定"成了最好的挡箭牌。制度是必要的，但任何制度都是相对滞后的，让顾客感到腻烦的制度、把顾客气跑的制度是应该修改的。员工认为这种服务省事省心不担责任，这是一种"消极的服务"。

3. 用心服务

确实把服务当成心爱的事业，把顾客当成"心爱的人"，细心、精心、留心服务，让顾客舒心，最后达到价值双赢。这种服务叫"优质服务"。

4. 用情服务

投入真情，为顾客提供体贴入微的服务，以真诚赢得顾客的忠诚。这种服务叫"卓越的服务"。

5. 用智服务

即文化服务，用艺术和智慧服务。这种服务叫"传奇的服务"，是最高层面的服务。

第二章　酒店服务礼仪

酒店，是指为宾客提供住宿、餐饮、娱乐、商谈、会议和其他一系列服务的综合场所。作为一个非常讲究服务质量和礼仪形象的行业，酒店服务礼仪是酒店从业者的必备素质之一。

第一节　酒店主要岗位的礼仪规范

一、前厅服务礼仪规范

前厅部也称大堂部、前台部，是酒店的重要组成部分，也是酒店的"橱窗"和"名片"，在某种程度上体现着酒店的整体形象。

（一）迎宾员服务礼仪规范

迎宾员应穿制服上岗，做到着装整齐、仪容大方、面带微笑、精神饱满、站姿端正，随时恭候客人的光临。当有客人乘车抵达时，应立即主动上前为其开启车门，迎接客人下车。客人进店时，要为客人开启大门，并面带微笑热情问候客人离店时，迎宾员应主动上前打招呼并询问是否需要代为叫车，并与客人微笑道别，目送客人离去。

（二）行李员服务礼仪规范

客人抵达酒店时，行李员要向客人微笑问候，并主动为客人卸下行李，并及时清点件数，检查是否有损坏。若客人坚持自提行李，应尊重其意愿。客人在前台办理入住手续时，行李员应站在客人身后一米以外的位置，耐心等候。陪同客人到达客房后，将行李整齐摆放在行李架上或客人指定位置，并请客人确认。到客人房间取行李时，要先敲门，得到允许后方可进入。

（三）总服务台服务礼仪规范

总台一般要求站立服务，凌晨1点之后方可坐下。客人来到总台时，接待员应面带

前台接待礼仪

微笑，热情问候。一般情况下，应在2分钟内办理好入住登记，若客人较多，应按顺序依次办理入住手续。客人结账时，结账员应双手收回房卡，当场核对账单，做到热情、迅速、准确办理。如果在服务过程中出现纠纷，要耐心地向客人解释，切忌争吵。

（四）大堂副理服务礼仪规范

大堂副理应注意时刻保持良好的形象，与客人交谈时应谦逊有礼、态度诚恳，在任何情况下，都不能与客人争辩。

 礼仪小贴士

酒店优质服务的十把"金钥匙"
第一把：顾客就是上帝。
第二把：微笑。
第三把：真诚、友好和热情。
第四把：提供快速敏捷的服务。
第五把：文明、礼貌的语言。
第六把：佩戴好员工牌。
第七把：端庄、大方、整洁的仪容仪表。
第八把：员工之间互助合作的团队精神。
第九把：用尊称向宾客问候。
第十把：熟悉自己的工作内容以及酒店的相关信息。

二、客房服务礼仪

客房部的主要职责是负责酒店所有客房的清洁和保养工作，并供应各类配套用品，为住客创造一个舒适、清洁的住宿环境。

客房服务人员应始终保持仪表整洁自然，举止端庄大方，精神饱满，热情有礼。在客人到达前，应整理好房间。客人到达时，应主动、热情地对客人表示欢迎。打扫房间时，应先敲门，得到客人允许或确认房内无人时，再进入房间；进门后，无论房内是否有人，都应将门敞开。客人离店时，应迅速检查房间。

 提　示

在清洁房间时，如果客人从外面回来，服务人员应礼貌地请客人出示房卡或证件，以确认这是该客人的房间。确认完毕后，询问客人是否需要继续清洁，若客人允许，则继续清洁，并在清洁完毕后向客人致歉。

三、餐厅服务礼仪

餐饮部是酒店的重要部门之一，其经营管理的成败直接影响着酒店的形象、知名度和经济效益。

（一）引位员服务礼仪规范

客人到达后，应立即上前迎接，热情问候。引领客人至座位时，应走在客人左前方1米左右，不时回头用规范的手势示意并说"请跟我来""这边请"。到餐位后，要先询问客人是否满意，然后再为客人拉椅让座。

（二）值台员服务礼仪规范

客人入座后，要及时为客人斟茶递香巾。时刻注意客人的点菜示意，及时递上菜单。客人点菜时，应微笑地站在客人左侧，认真听取并做好记录。点餐完毕后，应向客人复述一遍。上菜要选择陪坐之间的位置，并报菜名。斟酒时，应当着客人的面开启酒瓶盖或饮料瓶盖，并从客人的右侧进行。客人用餐期间，应巡视四周，随时应答客人的招呼。

 礼仪知识窗

> **点菜注意事项**
>
> 在点菜过程中，服务人员要做到神情专注，有问必答，百问不厌。不要催促客人点菜，而应耐心等候。必要时，可在征求客人同意后暂时离开餐桌，以让客人有足够的时间去考虑或商量决定。
>
> 当客人不能决定点什么菜时，服务人员可向其热情推荐本餐厅的名菜、特色菜、创新菜、时令菜等。但应注意推荐时要讲究说话方式和语气，注意客人的反应，充分尊重客人的意愿，不要勉强或硬性推荐。
>
> 若客人所点的菜当日没有供应，应向客人表示歉意，并婉转向客人推荐其他类似菜肴。若有的菜肴烹制时间较长，应提醒客人并说明原因。若客人点出菜单上没有列出的菜品，不可一口回绝"没有"，而应说："对不起。这道菜目前菜单上没有，请允许我跟后厨商量一下，尽量满足您的要求。"

第二节　酒店服务人员的语言规范

一、问候语

问候语是指接待宾客时，根据时间、场合和对象的不同，所使用的规范化的问候用语。

初次和客人见面，应说"您好，欢迎光临！""女士们，先生们，欢迎你们光临××餐厅！""您好，先生，我们一直恭候您的光临！""您好，见到您很高兴！"等。

如果能按每天不同的时刻问候客人，会显得更加人性化和专业化，如"您早！""先生，早上好！""下午好！""晚上好！"等。

向客人道别或送行时，可以说"再见！""明天见！""晚安！""谢谢光临，欢迎再来！""祝您一路平安！"等。

遇到节日、生日等，应说"祝您圣诞快乐！""新年好！""恭喜发财，生意兴隆，大吉大利！""祝您生日快乐！""祝您健康长寿！"等。对香港、广东的客人，要说"愉快"而不说"快乐"，因为"乐"和"落"同音。

接待体育、文艺代表团时，应说"祝您比赛获胜！""祝您演出成功！""您的表演真精彩！"等。当他们取得一定成绩时，同样应该表示恭贺。

二、应答语

客人前来时，应主动说"您好，我能为您做什么？""请问，我能帮您什么忙？"等。

引领客人时，应说"请跟我来！""这边请！""里边请！""请上楼！"等。

接受客人吩咐时，应说："好，明白了！""好的，马上就来！""好，听清楚了，请您放心！"等。

没听清或没听懂客人问话时，应说"对不起，请您再说一遍！""很对不起，我还没听清，请重复一遍，好吗？"等。

不能立即接待客人时，应说"对不起，请您稍候！""请稍等一下！"等。为等候的客人服务时，应先说"对不起，让您久等了！"。

接待失误或给客人添麻烦时，应说"实在对不起，给您添麻烦了！""对不起，刚才疏忽了，今后一定注意，不再发生这类事，请再光临指导！"等。

服务后离开客人时，应说"请好好休息！""请慢用！""有事尽管吩咐，再见！"等。

当客人表示感谢时，应说"不用谢，这是我应该做的！""别客气，我乐于为您服务！"等。

当客人误解致歉时，应说"没关系！""这算不了什么！"等。

当客人提出过分或无理要求时，应说"这恐怕不行吧！""很抱歉，我不好满足您的这种要求！""这件事我要同主管商量一下！"等。

客人来电话时，应说"您好，这里是××饭店，我能为您做什么？"。当铃响过三遍，接电话时应先说"对不起，让您久等了！"。

第三节　酒店服务人员工作期间的注意事项

工作期间不得吸烟，不得接打私人电话，因私人电话而让客人等候，浪费客人的时间是不礼貌的。在工作场所要保持安静，不得大声喧哗，更要防止串岗、交头接耳等，如客人有事召唤，不应高声应答，应点头示意并立即去服务。

要尊重老人、妇女、残疾人，尊重不同国家、民族客人的风俗习惯。在工作期间，入座、进出门厅、上下电梯、乘坐车辆时，要让老人、妇女先行，并主动前去照顾。对客人绝不能冷眼相视或置之不理；对有生理缺陷、性格古怪的客人，切忌指指点点，评头品足。

接待客人时，不主动伸手和客人握手。为客人服务时，不可做出抓头、搔痒、剔牙、擤鼻涕、打喷嚏、整理衣服等不雅的动作，如要咳嗽、打喷嚏，应用手帕捂着嘴，侧向一旁，把声音减低到最低程度。

为客人递送物品时，一般要用双手递送，并将物品及字样的正面对着客人，礼貌地说："这是××"。

在岗位上遇到客人时，应微笑点头问候。在走廊或过道上遇到迎面而来的客人时，应主动让道侍立一旁；遇到同一方向的客人时，一般不得超越客人，如果有急事，要向客人致歉："对不起，我可不可以先走一步？"，然后侧身通过。

客人没有离开之前，不得擅离岗位，或提前进行物品清理、打扫卫生等工作。

 礼仪故事屋

世界著名的希尔顿饭店的总经理希尔顿，每当遇到员工时，都要询问这样一句话："你今天对顾客微笑了没有？"他指出："饭店里第一流的设备重要，而第一流服务员的微笑更重要，如果缺少服务员的美好微笑，好比花园里失去了春日的太阳和春风。假如我是顾客，我宁愿住进虽然只有破旧地毯，却处处可见到微笑的饭店，而不愿走进只有一流设备而不见微笑的地方。"正是因为希尔顿深谙微笑的魅力，才使希尔顿饭店誉满全球。

第三章　店面服务礼仪

销售人员工作在第一线，代表企业直接和顾客打交道，是企业的门面。销售人员的言谈举止不仅关系到个人形象，而且直接影响到企业的信誉。因此，良好的礼仪修养是销售人员必备的职业素质。销售人员必须树立良好的服务意识，牢记"顾客就是上帝""宾客至上，服务第一"的服务理念，做到文明经营、热情待客。

第一节　店面服务礼仪的基本要求

一、按照规定统一着装

销售人员应该按照规定穿着统一的制服，同时做到着装整齐、仪容大方。统一的着装不仅能够凸显出销售人员的专业性，而且能够为企业塑造一个良好的形象。这对顾客的购物心理起着重要的影响。如果销售人员着装不得体，甚至衣衫不整，如男销售人员出现领带拉开一半，衬衫下摆不掖起来，外衣高挽着袖口等现象，女销售人员在夏天穿着背心短裤等服装，将会破坏购物的氛围，影响顾客的购物心情，进而影响企业的形象和效益。

二、保持良好的精神风貌

男销售人员应该显得文雅且富有朝气；女销售人员应化淡妆，这是对自己和别人的尊重。销售人员在工作岗位上必须表现得专心致志，绝不允许扎堆聊天、听音乐、看书等。特别要提醒的是，男销售人员不准在营业时间吸烟，更不准叼着香烟和顾客说话，甚至把烟雾喷到顾客脸上。即使在空闲的时候，女销售人员也不准在柜台前面化妆，如需补妆，应到洗手间或休息间进行。

三、做好清洁卫生工作

首先，先要做好个人卫生工作；其次，要定期对店面或所负责的货架、柜台进行清洁。营业中不要进行清洁，否则会影响顾客的购物心情。如果是刚做完清洁或者是正在做清洁工作，可以在相应醒目位置立上诸如"小心地滑"等警示牌。

第二节　店面服务礼仪的重要法则

在店面服务中，销售人员在迎客、待客、送客时，都要热情礼貌，要做到"三到""三声"。"三到"是指"顾客到、微笑到、敬语到"；"三声"是指"来有问声、问有应声、走有送声"。

一、热情迎客

顾客来临，应当使顾客感受到销售人员对他的热情欢迎，以此使顾客产生良好印象，促使双方交易成功。

要主动迎客，微笑服务。顾客进店后，销售人员应以亲切的目光迎接顾客，对顾客要始终保持微笑。当顾客走进销售人员服务区域一米以内时，销售人员应当面带微笑地道一声："欢迎光临！"，或"您好！欢迎光临！"。

在摆货架的地方为顾客服务时，要站得端正，目视顾客走过的方向。在柜台为顾客服务时，应紧靠柜台而立，但双手不要扶柜台。不管有没有顾客，销售人员都不允许坐着、趴着或靠着、倚着。

二、热情待客

在为顾客服务的整个过程中，销售人员始终要表现出礼貌、热情、耐心、周到，但要注意热情适度，从而使顾客的购物过程舒心、愉快。

在顾客选择商品时，尽量不要多加干扰，从而给顾客留出独自观察、比较、了解、判断的时间和空间。

把商品递交顾客时，销售人员应用双手递送，并轻拿轻放。带"尖"的物品如剪刀、椎子等，应当横向或将尖端朝向自己递给顾客。

顾客提问时，销售人员要准确无误地解答，声音要轻柔，答复要具体。解答顾客的提问时应面对顾客，文明礼貌，不能冲撞顾客。

接待多位顾客时，不要以年龄、性别、相貌、服饰取人，应当一视同仁、平等对待。做到"接一答二照顾三"，即接待一位，应答另一位，招呼第三位。当有时间为等候的顾客服务时，要主动道歉，可以说"对不起，让您久等了！"。

在任何情况下，销售人员都不能和顾客争吵。如果发生这一类的事件，商场要主动承担责任,不能让顾客带着怨气离去。

三、热情送客

俗话说"买卖不成情义在"。不管顾客是否购买商品,在其离去时都要道一声"欢迎再来""再见""您慢走"等。这样能够很好地体现良好的企业形象,给顾客留下深刻而美好的购物印象,促使形成第二次交易的契机。

 礼仪知识窗

服务中的人际距离

人际距离,即交往对象之间彼此相距的远近。

服务距离:指服务人员与服务对象之间所保持的一种最常规的距离。它主要适用于服务人员应服务对象的请求,为对方直接提供服务之时。一般情况下,服务距离以 0.5 m 至 1.5 m 为宜。

展示距离:服务距离的一种较为特殊的情况,即服务人员需要在服务对象面前进行操作示范时彼此之间的距离。一般情况下,展示距离以 1~3 m 为宜。

引导距离:指服务人员在为服务对象带路时彼此之间的距离。根据惯例,在引导之时,服务人员行进在服务对象左前方 1.5 m 左右最为合适。

待命距离:指服务人员在服务对象尚未传唤自己为之提供服务时,应与对方自觉保持的距离。在正常情况下,应当是在 3 m 之外。

信任距离:指服务人员为了使服务对象对服务的浏览、斟酌、选择或体验更为专心致志而采用的一种距离。即离开对方而去,从对方的视线中消失。

第四章　导游服务礼仪

导游是指依照《导游人员管理条例》规定取得导游证,接受旅行社委派,为旅游者提供向导、讲解及其他旅游相关服务的人员。导游人员是旅游计划的具体执行者,他们的言谈举止代表着旅游企业的形象,他们的工作质量影响着旅游企业的服务效果。作为导游人员,只有掌握良好的礼仪,遵守相关规范,才能为游客提供优质服务。

第一节　导游人员的服饰要求

在服饰方面,导游人员除了要遵守职业工作者的基本服饰礼仪规范要求外,还应该注意以下几个方面。

（1）按照旅行社或有关部门的相关规定统一着装。若无明确规定,应选择朴素、整洁、大方且便于行动的服装。带团时,导游人员的穿着不可过于时尚、怪异或花俏,以免喧宾夺主,使游客反感。

（2）导游人员的衣裤应平整、挺括；衣领、衣袖的位置要保持干净。袜子应常换洗,不得带有异味。

（3）接待游客时,男导游人员不得穿无领汗衫、短裤,不得赤脚穿凉鞋。女导游人员可赤脚穿凉鞋,但趾甲应修剪整齐；穿裙装时,袜口不可露于裙边之外。无论男女,在室内都不可戴墨镜。

（4）带团时,除了代表本人婚姻状况的戒指外,导游人员应该不佩戴或少佩戴其他饰物,以免影响工作。

 礼仪故事屋

小郭是一家旅行社的导游,长得亭亭玉立,善于打扮,而且家境殷实,因此穿着打扮总是走在时代前列。

一次,小郭接了一个旅游团,成员多为三十岁左右的女士。去迎接旅游团时,小郭精心打扮了一番,当她以光鲜亮丽的形象出现在游客面前时,旅游团的女士们都黯然失色了。加上游览期间,小郭的各种名牌服饰也不断变换,更使旅游团的女性游客们都成了她的陪衬。虽然小郭的讲解生动形象,且为人亲切、服务周到,但是小郭却感觉到女性游客们都不愿意与她站在一起,有一种被冷落的感觉。

第二节　导游人员的仪态要求

合乎规范、优雅大方的工作仪态是导游人员带团的基本礼仪要求。

一、站姿

导游人员的站姿应当自然、稳重。站立时，身体直立，挺胸收腹，双肩后展，两臂自然下垂，两脚或同肩等宽，或呈"V"字型，身体重心可轮流置于左右两脚之上。忌双手叉腰，或插在衣裤袋中；忌双臂相绕置于胸前。

二、坐姿

端稳是导游人员坐姿的基本要求。即便是在行进的汽车上，导游人员也应注意保持规范的坐姿，双手可搭放在座位的扶手上，或交叉于腹部前，或左右手分放于左右腿之上。双腿自然弯曲，两膝相距，男性导游人员以一拳为宜；女性导游人员双膝并拢，切忌分腿而坐。忌前倾后仰，东倒西歪；忌高跷二郎腿，脚底示众；忌随意抖动腿脚。

三、步态

步态是导游人员最主要的一种工作姿态，无论是前行引导游客，还是带领游客登山涉水，都需要靠行走来完成。带团时，导游人员的步态应从容、轻快，即上体挺直，抬头含颌，收腹挺胸，身体重心略前倾；双肩放松，两臂前后自然摆动；步幅适中、均匀，步位平直。行进中，避免弓背、哈腰、斜肩，左右晃动，双手插袋，步伐滞重，更不得随意慌张奔跑。

第三节　导游人员的语言要求

语言是导游服务的重要手段和工具，导游人员的服务效果在很大程度上取决于其语言的表达能力。导游人员驾驭语言的能力越强，信息传递的障碍就越小，旅游者满意的程度也就越高。

一般来说，导游人员语言的表达应力求做到：达意、流畅、得体、生动、灵活。

一、达意

达意即要求导游人员准确地将信息传递给游客,而且要让游客容易接受和理解。需要做到以下三点:一是发音正确、清楚;二是遣词造句准确、简洁;三是表达有序,条理清晰。切忌空洞无物、言过其实、无中生有。

导游词讲解的五大坑

二、流畅

流畅即要求导游人员的语言力求表达连贯,无特殊情况,一般言语中间不作较长时间的停顿,语速适中,快而不乱,慢而不滞。口语表达中过多的重复和停顿,以及不良的习惯都会影响游客的倾听效果。

三、得体

得体即要求言语运用要妥当,有分寸。得体的导游语言必须符合导游人员的角色身份,以体现对游客的尊重为前提。在带团过程中,应多用敬语、服从语和委婉、征询的句式与游客交流。此外,还应避免游客的言谈忌讳。

四、生动

生动是导游语言最为突出的特点。导游人员在讲解内容准确的前提下,应以生动、有趣且具感染力的语言活跃气氛,增添游客的游兴,以趣逗人。

五、灵活

灵活强调的是导游人员的语言表达应做到因人、因时、因地而异,导游人员在讲解时必须充分考虑游客的文化背景、认知水平、兴趣爱好及职业特点等,有针对性地取舍内容和选择表达方式,以提高游客的接受和理解效果。

 礼仪小贴士

> **导游人员的"八有"和"九点"**
>
> 导游人员的讲解语言应做到"八有",即:言之有礼,言之有物,言之有据,言之有情,言之有理,言之有神,言之有喻,言之有趣。
>
> 导游人员在服务过程中,还要做到"九点":嘴巴甜一点,脑筋活一点,行动快一点,效率高一点,做事多一点,理由多一点,肚量大一点,脾气小一点,说话轻一点。

第四部分 服务礼仪

161

第四节　导游人员在导游活动中的注意事项

带团时,导游人员应于出发前 10 分钟到达集会地点;游客上车时,导游人员应站立于车门口,欢迎每一位游客,并协助其上下车,待客人上齐后方可上车。游客落座后要及时清点人数。

礼仪知识窗

> **导游人员应如何清点人数**
>
> 清点人数的方法有多种,常用的有:用计数器清点人数、根据空座判断游客人数、五指并拢默数游客人数、从车厢第一排走到最后一排清点人数等。但需注意的是,切忌清点人数时用社旗来回比划,也不能用手拍打客人的肩背部位,更不得用手指对游客头部或脸部指指点点。

在车上作沿途讲解时,导游人员站姿要到位,表情自然,与游客保持良好的视线交流,目光应关照全体在场者,以示一视同仁。手持话筒,音量适当,规范讲解。手势力求到位,动作不宜过多,幅度不宜过大。

到达目的地前,应提前将即将进行的活动安排、集会时间和地点等相关信息准确地告知全体游客,并再次告知旅游车的车牌号码及司机姓名,以方便掉队者寻找。

带团期间,导游人员应随时提醒游客注意安全,凡遇难以行走或拐弯之处,应及早提醒游客多加注意,对年老体弱者更应及时提供必要的帮助。导游人员的行走速度不宜过急过快,以免游客掉队或走失。

带团游览过程中,导游人员应认真组织好游客的活动,做到服务热情、主动、周到。导游人员讲解时应尽量做到准确表达、条理清楚、语言生动等。此外,还应注意给客人留有摄影时间。

第五章 空中乘务服务礼仪

空中乘务简称空乘,指的是按照民航服务的相关要求和内容,专门为飞机上的乘客提供服务的工作人员。空中乘务服务礼仪是指空乘人员在飞机客舱服务的各环节中,对乘客表示尊重和友好的一系列行为规范。

学习空中乘务礼仪,不仅可以提高空乘人员的个人素质,而且可以提高航空公司的服务质量和服务水平,塑造良好的企业形象,提高企业的经济效益和社会效益。因此,空乘人员必须掌握相应的礼仪规范,为乘客提供热情而周到的服务。

第一节 空乘人员的职业要求

一、得体的职业形象

穿着得体的职业装,不仅是对服务对象的尊重,同时也能使着装者产生一种职业的自豪感、责任感。空乘人员应按照公司规定统一着装,基本要求是:整齐、干净、挺括、大方。同时,空乘人员还要注意仪容修饰。男空乘人员面部要清爽宜人,口气清新;女空乘人员要按照要求化淡妆。男空乘人员要留短发,且前不盖眉,侧不掩耳,后不及颈;女空乘人员若留长发,需盘成发髻,收于指定的发网中,保持两鬓光洁、无耳发。

在对客服务中,空乘人员应时刻保持亲切而友好的微笑,切忌假笑、冷笑、怪笑、媚笑、窃笑、怯笑等。同时,要注意自己的仪态。此外,在口语表达上,空乘人员要练好标准普通话(达到二级甲等水平以上),提高声音动听程度。另外,在掌握外语尤其是英语方面要有针对性的学习,以适应服务的需要。

二、良好的职业道德

热爱本职工作,不断增强服务意识。作为空乘人员,首先要热爱空乘这个职业和岗位,这样才能够强化自身的服务理念,更好地为乘客服务。

良好的思想政治素养。民航运输是国家对外展示形象的窗口,这就对空乘提出了严格的政治要求。空乘人员要有坚定的政治立场,在对外服务方面坚持做到友善热情、不卑不亢。

给乘客以安全感。工作中，空乘人员要表现出镇定自若、坦然从容的气质，给乘客以信赖感，让乘客感到安全，消除在空中的恐惧感。此外，空乘人员还必须具备相应的专业知识，能够用有说服力的语言来解答乘客在旅途中提出的疑问，让乘客感觉到你是受过严格专业训练的，是值得信任的。

尊重乘客。要主动热情地关心和帮助乘客，尊重乘客，对所有乘客一视同仁。

做好服务。最佳服务是用心、用情服务。主动热情、周到、有礼貌地为乘客服务，同时注意服务中的细节，面带微笑、举止文雅、语言有礼。对乘客提出的要求，能做到的情况下应尽量满足，不能做到时应耐心解释，不得怠慢。应允的事情一定要落实，不得言而无信。

三、较高的综合素质

空乘人员要不断增强自身的科学文化水平，积累多领域、多学科的知识，了解更多国家和地区的民情民俗，以便更好地为乘客服务。

四、超强的业务能力

每一位合格的空乘人员都务必掌握基本的航空服务知识，形成较强的客舱服务技能。此外，还要不断增强自己的心理承受能力与应变能力。

与乘客沟通时，空乘人员一方面要充分地观察对方、了解对方，另一方面要学会在短暂的飞行服务中有效地控制对方的情绪，给对方以热情周到的服务，化解和避免矛盾的发生。此外，空乘人员还要提高与特殊乘客沟通的能力。

礼仪小贴士

特殊乘客

特殊乘客是指因为身份、地位、年龄、身体等情况而需要给予特殊照应的乘客。主要包括贵宾（如国家领袖、政府要员、外交使节等）、婴儿、儿童、老人、孕妇、残障人士等。

第二节　空乘人员的语言要求

在空乘服务中，亲切、周到、温馨的语言服务，不但能够帮助乘客顺利完成旅途，同时也可以体现出民航企业的形象与服务质量。

一、服务用语

（一）服务用语的要求

说话时要使用礼貌用语，说话方式要委婉、热情。空乘人员在服务过程中，说话不能太生硬也不能太直接，要显示出应有的友好与热情的态度，多用"您""请"等礼貌敬语。同时，尽量配以适当的表情和动作，并保持一致。这样，既能体现出周到的服务，也能使乘客感到空乘人员对自己的尊敬。

服务语言要简练、流畅，语言表达要完整。空乘人员在与乘客交流时，语言要简单明了，通俗易懂。语言表达要合乎规范，语意的表达要准确完整，保证在询问和应答时能做到话语通顺、流畅。

讲话时要文雅，语调要亲切、平稳。空乘人员在与乘客交流时，讲话时应彬彬有礼、温文尔雅。话语应富有情感，语调要平和，音量要适中，语速应不快不慢，使乘客感受到民航服务的热情与温馨。

礼仪故事屋

不同的话语不同的效果

飞机上的正餐一般有两种热食供乘客选择。一次，乘务员在为乘客提供正餐服务时，当供应到某位乘客时他所选择的餐食刚好没有了。这时，乘务员非常热心地到头等舱拿了一份餐送到这位乘客面前，并说道："真不好意思，您选择的餐已经没有了，刚好头等舱多了一份我就给您送来了。"乘客一听，非常不高兴地说："头等舱吃不完的拿给我？"由于乘务员的表达不当，好心并没有得到乘客的感谢，反而惹得乘客不高兴。

如果乘务员这样说："真对不起，您选择的餐食刚好没有了，但请您放心，我会尽量帮您解决。"然后再去头等舱看是否有多余的餐食可以供乘客选用。当拿到餐食送到乘客面前时，可以这样说："您看我将头等舱的餐食提供给您，希望您能满意，欢迎您下次再乘坐我们公司的航班，我一定优先请您选择我们的餐食品种。"

（二）常用服务用语

（1）您好，欢迎登机！
（2）对不起！
（3）抱歉，让您久等了！
（4）谢谢！
（5）不客气！

165

（6）祝您旅途愉快！

（7）请系好安全带！

（8）请扣好小桌板！

（9）对不起，请您收起脚蹬！

（10）请调直您的座椅靠背！

（11）请问我能为您做些什么吗？

（12）这是我们为您准备的报纸，请您阅读！

（13）我们马上就要提供正餐（点心），现在我为您铺上桌布，好吗？

（14）今天我们的午（晚）餐有×××和×××，请问您需要哪一种呢？

（15）今天为您准备了饮料和酒类，欢迎您选用！

（16）请问您喝点什么饮料？

（17）今天为您提供了热面包，请您随意选用！

（18）这是您预订的×××，请您慢用！

（19）这是您要的饮料，请慢用！

（20）我们为您准备了咖啡、茶，您喜欢喝点什么？

（21）今天的餐食合您的口味吗？

（22）请问您用完餐了吗？我可以收走吗？

（23）您还需要添加其他饮料吗？

（24）我可以收回毛巾吗？我可以收走杯子吗？

（25）我去确认一下，马上给您答复！

（26）谢谢您对××航空公司的关爱，我会向我的主管转达您的建议。

二、广播用语

（一）广播用语的要求

空乘人员在播报服务广播时语言要清晰、流畅、亲切；在播报安全广播时，语言要庄重、规范、清晰、流畅。在航班遇突发状况时，空乘人员一定要及时播报，并且语气要镇定、沉稳、自信，这样可以缓解乘客恐慌的心情。

（二）常规广播用语

1. 欢迎词

女士们，先生们：

欢迎您乘坐中国＿＿＿航空公司＿＿＿航班，由＿＿＿前往＿＿＿（中途降落＿＿＿）。由＿＿＿至＿＿＿的飞行距离是＿＿＿，预计空中飞行时间是＿＿＿小时＿＿＿分。

飞行高度_____米，飞行速度平均每小时_____公里。

为了保障飞机导航及通讯系统的正常工作，在飞机起飞和下降过程中请不要使用手提式电脑，在整个航程中请不要使用手提电话、遥控玩具、电子游戏机、激光唱机和电音频接收机等电子设备。

飞机很快就要起飞了，现在客舱乘务员进行安全检查。请您在座位上坐好，系好安全带，收起座椅靠背和小桌板。请您确认您的手提物品是否妥善安放在头顶上方的行李架内或座椅下方。（本次航班全程禁烟，在飞行途中请不要吸烟。）

本次航班的乘务长将协同机上_____名乘务员竭诚为您提供及时周到的服务。谢谢！

2. 起飞后广播

女士们，先生们：

我们的飞机已经离开_____前往_____，沿这条航线，我们飞经的省份有_____，经过的主要城市有_____，我们还将飞越_____。

在这段旅途中，我们为你准备了_____餐，供餐时我们将广播通知您。

下面将向您介绍客舱设备的使用方法：

今天您乘坐的是_____型飞机。

您的座椅靠背可以调节，调节时请按座椅扶手上的按钮。在您前方座椅靠背的口袋里有清洁袋，供您扔置杂物时使用。

在您座椅的上方备有阅读灯开关和呼叫按钮。如果您需要乘务员的帮助，请按呼唤按钮。

在您座位上方有空气调节设备，可调节转动通风口。

洗手间在飞机的前部和后部，在洗手间内请不要吸烟。

谢谢！

3. 餐前广播

女士们，先生们：

我们将为您提供餐食（点心餐）、茶水、咖啡和饮料。欢迎您选用。需要用餐的旅客，请您将小桌板放下。

为了方便其他旅客，在供餐期间，请您将座椅靠背调整到正常位置。谢谢！

4. 意见卡

女士们，先生们：

欢迎您乘坐中国_____航空公司航班，为了帮助我们不断提高服务质量，敬请留下宝贵意见，谢谢您的关心和支持！谢谢！

5. 预定到达时间广播

女士们，先生们：

本架飞机预定在_____分钟后到达_____机场，现在地面温度是_____，谢谢！

6. 下降时安全检查广播

女士们，先生们：

飞机正在下降。请您回原位坐好，系好安全带，收起小桌板，将座椅靠背调整到正常位置。所有个人电脑及电子设备必须处于关闭状态。请您确认您的手提物品是否已妥善安放。稍后，我们将调暗客舱灯光。谢谢！

7. 达到终点站

女士们，先生们：

飞机已经降落在_____机场，外面温度_____摄氏度，飞机正在滑行，为了您和他人的安全，请先不要站起或打开行李架。等飞机完全停稳后，请您再解开安全带，整理好手提物品，准备下飞机。从行李架里取物品时，请注意安全。您交运的行李请到行李提取处领取。需要在本站转乘飞机到其他地方的旅客请到候机室中转柜办理。

感谢您选择_____航空公司班机！下次旅途再会！谢谢！

8. 旅客下飞机广播

女士们，先生们：

本架飞机已经完全停稳，请您从前（中，后）登机门下飞机。谢谢！

第五部分
宗教礼仪与世界各国
节日习俗及禁忌

第一章　宗教礼仪

宗教是一种社会意识形态，是自然力量和社会力量在人们意识中的虚幻反映，表现为对自然物及超自然物的崇拜和信仰。

宗教礼仪是指宗教信仰者为对其崇拜对象表示崇拜与恭敬所举行的各种例行的仪式、活动，以及与宗教密切相关的禁忌与讲究。世界上存在着多种宗教，自然也就存在着多种宗教礼仪。在社会生活里，宗教礼仪不仅是各种宗教之间相互区别的显著标志，而且也是各种宗教用以扩大宗教组织、培养宗教信仰的重要的常规性手段。

在国内外活动中，人们或多或少都会与形形色色的宗教有所接触。因此，掌握一些基本的宗教礼仪非常必要。

第一节　基督教

一、基督教简况

基督教于公元 1 世纪发源于巴勒斯坦省（今日的以色列、巴勒斯坦和约旦地区）。基督教信仰以耶稣基督为中心，以《圣经》为蓝本，核心思想是福音，即上帝耶稣基督的救恩，充分彰显了上帝对全人类和整个宇宙舍己无私的大爱。其象征性标志是十字架，重要节日为圣诞节、复活节等。

基督教主要包括天主教、正教、新教三大教派。在具体教义、信条以及分布区域上，三者之间有一定的区别。与基督教信徒进行具体接触时，应充分注意到其不同流派的差异，具体情况具体对待，切不可将其不同的流派混为一谈。

二、基督教礼仪

与基督教信仰者打交道时，不宜对其尊敬的上帝、圣母、基督以及其他圣徒、圣事说长道短，不宜随意使用其圣像与其宗教标志。对神职人员，一般不应表现不敬之意。

"666"在基督徒眼里代表魔鬼撒旦，"13"被其视为不祥的数目，所有的基督徒都会对其敬而远之，因此不应有意令对方接触它们。

有些教派的基督徒有守斋之习。守斋时，他们绝对不食肉、不饮酒。在一般情况下，基督徒不食用蛇、鳝、鳅、鲶等无鳞无鳍的水生动物。

就餐之前，基督徒多进行祈祷。非基督徒虽然不必照此办理，但也不宜在其前面抢先而食。

在基督教的专项仪式上，讲究着装典雅，神态庄严，举止检点。服装"前卫"，神态失敬，举止随便者，均不受欢迎。

教堂为基督教的圣殿。非基督徒可进入参观，但禁止在其中打闹、喧哗，或者举止有碍其宗教活动。

第二节　伊斯兰教

一、伊斯兰教简况

伊斯兰教是世界上最重要的宗教之一。主要分布于西亚、北非、中亚、南亚和东南亚等地区。在不少国家，伊斯兰教被定为国教。

伊斯兰教于公元 7 世纪创立于阿拉伯半岛，创始人为穆罕默德，信奉真主及其先知穆罕默德，主张一神论，认为安拉是宇宙间唯一的真主，穆罕默德为真主的使者。其主要经典是《古兰经》。所有信仰伊斯兰教者均称为穆斯林，意即安位旨意的"顺从者"。穆斯林之间，一般互称"兄弟"。

伊斯兰教的重要节日有宰牲节、开斋节等。圣城为麦加。伊斯兰教的基本教义是："万物非主，惟有真主。穆罕默德，真主使者。"此语亦称为"清真言"，穆斯林经常吟诵。

伊斯兰教的不同流派很多。与穆斯林打交道时，千万不要将其所属教派弄错。

二、伊斯兰教礼仪

伊斯兰教禁止偶像崇拜，故此不应将雕塑、画像、照片以及玩具娃娃赠给穆斯林，且不宜邀其观看电影、电视、录像、VCD，也不得邀其参加拍摄。

在信奉伊斯兰教的国家，人们打招呼的第一句话是"愿真主保佑"。伊斯兰教禁止妇女外出参加社交活动。在外人面前，不允许妇女的着装暴露躯体，不允许男女共处。与穆斯林打交道时，一般不宜问候女主人，不宜向其赠送礼物。前往伊斯兰教国家时，在衣着方面一定要入乡随俗，禁止袒胸、露臂、光腿、赤足。

在饮食方面，穆斯林讲究甚多。他们一般都忌食猪肉，忌饮酒，忌食动物血液，忌食自死之物，并且忌食一切未按教规宰杀之物。非清真的一切厨具、餐具、茶具，均不得盛放招待穆斯林的食物或饮料。

在伊斯兰教教历的每年9月，穆斯林均应斋戒一个月。斋月期间，从每日破晓直至日落，禁饮食，禁房事。在斋月期间，外人不宜打扰穆斯林。

穆斯林对个人卫生极其讲究。许多地方的穆斯林认为人的左手不洁，所以禁止以左手与人接触。

一名虔诚的穆斯林一般每天要做五次礼拜。在此期间，切勿干扰。清真寺为伊斯兰教的圣殿。进入清真寺后，衣着不宜暴露，不宜追逐、嬉戏或大喊大叫。

在穆斯林面前，绝对不允许信口评论安拉、穆罕默德，不允许非议伊斯兰教及其教义，不允许对阿訇（教师、学者）无礼。

第三节　佛　教

一、佛教简况

佛教是一种古老的世界性宗教，目前主要流行于东亚、南亚、东南亚一带。

佛教相传在公元前6世纪由释迦牟尼创立于今日尼泊尔南部的蓝毗尼。释迦牟尼本名为乔达摩·悉达多，人称佛祖。

由于历史悠久、流派众多，今日佛教的经典已不可胜数。重要节日有佛诞节、成道节等。佛教的基本教理有"四谛"、"五蕴"、十二因缘等，主张依经、律、论三藏，修持戒、定、慧三学，以断除烦恼而成佛为最终目的。

二、佛教礼仪

佛门弟子及其居所的具体称呼有别。凡出家者，男称为僧、女称为尼、合称为僧尼。凡不出家者，则一律称为居士。僧之居所称为"寺"，尼之居所称为"庵"，有时统称两者为寺庙。对所有出家者，一律禁止称呼其原有的姓名。故民间有"僧不言名，道不言寿"之说。

普通的佛教信徒为了"广种福田"，通常应向寺庙、僧尼或别人主动赠送财物，此举叫作"布施"。

佛教的基本礼节为合十礼，基本的礼颂用语是"愿佛祖保佑"或"愿菩萨保佑"。佛教信徒拜佛时，则讲究行顶礼，即所谓"五体投地"。

对于佛祖、佛像、寺庙以及僧尼，佛教均要求其信徒毕恭毕敬。非信徒对其不得非议。不准攀登、侮辱佛像。不准触摸、辱骂僧尼，不得与僧尼"平起平坐"。进入寺庙时，宜慢步轻声，不宜乱动、乱讲、乱跑、拍照。

正当的佛教仪式进行时，不应对其任意阻挠或者蓄意加以扰乱。

在信奉佛教的国家，不能随便摸小孩的头。尤其在泰国，人们认为头部是神圣不可侵犯的，头部被人触摸是一种极大的侮辱；住宅门口上也忌悬挂衣物，特别是内衣裤；脚被认为是低下的，忌用脚示意东西给人看，或把脚伸到别人跟前，更不能把东西踢给别人，这些均是失礼的行为。

第四节 道 教

一、道教简况

道教是中国固有的一种宗教，距今已有 1 800 余年的历史，具有鲜明的中国特色。近年来，道家的"天人合一"思想和宇宙观日益受到重视，并引起了西方世界的兴趣，使得道教获得更多关注。

道教的第一部正式经典是《太平经》，完成于东汉，因此将东汉时期视作道教的初创时期。道教认为天地万物都由"道"而派生，即所谓"一生二，二生三，三生万物"，社会人生都应法"道"而行，最后回归自然。

道教徒有两种：一种是神职教徒，即"道士"。另一种是一般教徒，人称"居士"或"信徒"。宫观是道士修道、祀神和举行仪式的场所。

道教以与自己信仰关系重大的日子和所奉神灵、祖师之诞辰日为节日，如三会日、三元日、五腊日等。

二、道教礼仪

在道教宫观内，人们常常可以看到道士们身着金丝银线的道袍，手持各异的法器，吟唱着古老的曲调，在坛场里翩翩起舞，这就是道教的斋醮科仪，俗称"道场"，也就是法事。在法事之前必须沐浴更衣，不食荤酒，不居内寝。法坛之上，纪律严明。现行道教常用的斋醮科仪很多，包括早晚坛功课、祝寿、庆贺、接驾等。

第二章　各国节日习俗

节日，是指生活中值得纪念的重要日子，是世界人民为适应生产和生活的需要而共同创造的一种民俗文化。各民族和地区都有自己的节日。

第一节　中国传统节日习俗

春节的来历和习俗

一、春节

传统意义上的春节是指从腊月初八的腊祭或腊月二十三的祭灶，一直到正月十五，其中以除夕和正月初一为高潮。在春节这一传统节日期间，我国的汉族和大多数少数民族都会举行各种各样的庆祝活动，这些活动大多以祭祀神佛、祭奠祖先、除旧布新、迎禧接福、祈求丰年为主要内容。活动形式丰富多彩，带有浓郁的民族特色。

春节有守岁、放鞭炮、贴春联、拜年等习俗。此外，春节期间要特别注意语言禁忌，尽量说一些好话、吉利话，如"多""好""余"等字眼，切忌说"病""死""完了"等。

二、元宵节

元宵节又称"上元节"，是我国一个重要的传统节日。阴历正月十五日是一年中第一个月圆之夜，也是一元复始，大地回春的夜晚，人们对此加以庆祝，也是庆贺新春的延续。

由于元宵节有张灯、看灯的习俗，民间又习称为"灯节"。此外，还有吃元宵、踩高跷、猜灯谜、舞龙、赏花灯、舞狮子等习俗。

三、清明节

按阳历来说,清明节是在每年的4月4日至6日之间,正是春光明媚、草木吐绿的时节,也正是人们春游(古代叫踏青)的好时候,所以古人有清明踏青,并开展一系列体育活动的习俗。

清明节是我国最重要的祭祀节日,是最适合祭祖和扫墓的日子。汉族和一些少数民族大多都是在清明节扫墓。扫墓时,人们要携带酒食果品、纸钱等物品到墓地,将食物供祭在亲人墓前,再将纸钱焚化,为坟墓培上新土,折几枝嫩绿的新枝插在坟上,然后叩头行礼祭拜,最后吃掉酒食回家。

四、端午节

端午节为每年农历五月初五,又称端阳节、午日节、五月节等。端午节起源于中国,最初是祛病防疫的节日,后来传说爱国诗人屈原在这一天死去,也同时成了中国汉族人民纪念屈原的传统节日。

端午节有吃粽子,赛龙舟,挂菖蒲、蒿草、艾叶,薰苍术、白芷,喝雄黄酒的习俗。

五、七夕节

七夕节为每年农历七月初七,又名乞巧节、七巧节或七姐诞,发源于中国,来自于牛郎与织女的传说。此日活动的主要参与者是少女,节日活动的内容以乞巧为主。乞巧的方式大多是姑娘们穿针引线验巧。

现在受西方国家的影响,中国越来越多的情侣把七夕视为中国情人节,男女双方会互赠礼物,或外出约会。

六、中秋节

中秋节为每年农历八月十五,这一天正当秋季的正中,故称"中秋"。传说是为了纪念嫦娥。到了晚上,月圆桂香,人们把它看作大团圆的象征,要备月饼、各种瓜果和熟食品,是赏月的佳节。

中秋节自古便有祭月、赏月、拜月、吃月饼、赏桂花、饮桂花酒等习俗,流传至今,经久不息。

七、重阳节

重阳节为每年农历的九月初九,是我国的传统节日之一。古代以九为阳,六为阴,双九就是重阳,故称重阳节,同时也是中国的敬老节。在1989年,我国把每年的九月九日定为老人节,传统与现代巧妙地结合,成为尊老、敬老、爱老、助老的老年人的节日。

重阳节有插茱萸、赏菊、登高、踏秋、吃重阳糕、喝菊花酒等习俗。

第二节 其他国家节日习俗

一、新年

元旦是庆贺新年的开始,欢度元旦是世界各国各地区的普遍习俗。

世界上大多数国家把每年1月1日作为元旦,由于世界各国所处的经度位置不同,各国的时间也不同,因此,"元旦"的日期也有差别。如大洋洲的岛国汤加位于日界线的西侧,它是世界上最先开始新的一天的地方,也是最先庆祝元旦的国家。而位于日界线东侧的西萨摩亚则是世界上最迟开始的地方。

在元旦前夜,丹麦人家家户户都要将平时打碎的杯盘碎片收集起来,待夜深人静时偷偷地送至朋友家的门前。元旦的早晨,如果谁家门前堆放的碎片越多,则说明他家的朋友越多,新年一定很幸运。

在元旦前夜,西班牙人会全家团聚。到12点时,以教堂钟声为号,争着吃葡萄,每敲一下钟,必须吃下一颗葡萄,而且要连着吃下12颗,表示来年一帆风顺。

在元旦前夜,美国人会在外开篝火晚会。到12点时,大家一起把旧物扔进火里烧掉,并围火歌舞,狂欢至黎明。

元旦前夜在意大利是狂欢之夜。意大利人对元旦前夜远比其他任何节日都要重视。当夜幕开始降临，人们纷纷拥向街头，燃爆竹放焰火，男男女女翩翩起舞，一直跳到午夜时分。这时，各家各户把家中一切可以打碎的、破旧的瓶瓶罐罐、盆碗碟盘等，扔出窗外，认为这样可以去掉烦恼和厄运，以示吉祥如意，除旧迎新。另外，元旦这天，各家各户都燃起一炉火，日夜不息。这样在一年里一切都会顺利兴旺。据说这种风俗是从古罗马时代承袭下来的。

在元旦这一天，韩国人除了全家团聚外，还要进行祭祀祈祷等活动。男孩子多半去放风筝，女孩子则跳跳板。

在元旦前夜，罗马尼亚人会在广场上搭起舞台。市民们一边烧着焰火，一边载歌载舞。农村人拉着木犁，上面装饰着各种彩花，庆祝新年。

在元旦这一天，巴基斯坦人个个手拿红粉跑出门，见了亲友，道过新喜，便互相将红粉涂在额上，以示庆祝新年吉祥如意。

在阿富汗北部地区，每逢元旦都要举行激烈的抢山羊比赛，以示庆祝。两队骑手争抢猎物，比赛既紧张激烈，又喜庆欢乐。

阿根廷人认为水是最圣洁的。每年元旦，各家老少成群结队到江河中洗"新年浴"，以洗去身上的一切污秽。

二、情人节

情人节又叫圣瓦伦丁节或圣华伦泰节，即每年的2月14日，是西方国家的传统节日之一，起源于基督教。这是一个关于爱、浪漫，以及鲜花、巧克力、贺卡的节日。男女在这一天互送礼物用以表达爱意或友好。情人节的晚餐约会通常代表了情侣关系的发展关键。现已成为欧美各国青年人喜爱的节日，其他国家也已开始流行。

 礼仪故事屋

情人节的由来

关于情人节的由来，说法甚多，但一般是以罗马圣教徒瓦伦丁被处死，后人将他被处死的日期定为"情人节"这一说法最为普遍。

公元3世纪，罗马帝国出现全面危机，经济凋敝，统治阶级腐败，社会动荡不安，人民纷纷反抗。贵族阶级为维护其统治，残暴镇压民众和基督教徒。是时，有一位教徒瓦伦丁，被捕入狱。在狱中，他以坦诚之心打动了典狱长的女儿，他们相互爱慕。但不幸的是，统治阶级还是下令将他处死。在临刑前，他给典狱长女儿写了一封长长的遗书，说明自己是无罪的，同时也表明了他光明磊落的心迹和对典狱长女儿的深深眷恋。

177

公元 270 年 2 月 14 日，瓦伦丁被处以死刑。后来，基督教徒为了纪念瓦伦丁为正义、为纯洁的爱而牺牲自己这一事迹，将行刑的这天定为"圣瓦伦丁节"，后人又改称"情人节"。

三、母亲节

母亲节是一个感谢母亲的节日。这个节日最早出现在古希腊，而现代的母亲节是每年 5 月的第二个星期日，起源于美国。母亲们在这一天通常会收到礼物，康乃馨被视为献给母亲的花。

四、父亲节

父亲节，顾名思义是感恩父亲的节日。约始于 20 世纪初，起源于美国，现已广泛流传于世界各地，节日日期因地域而存在差异。最广泛的日期在每年 6 月的第三个星期日，世界上有 52 个国家和地区是在这一天过父亲节。节日里有各种的庆祝方式，大部分都与赠送礼物、家族聚餐或活动有关。

五、感恩节

感恩节是美国人民独创的一个古老节日，也是美国人合家欢聚的节日。初时感恩节没有固定日期，由美国各州临时决定。直到美国独立后的 1863 年，林肯总统宣布感恩节为全国性节日。1941 年，美国国会正式将每年 11 月第四个星期四定为"感恩节"。感恩节假期一般会从星期四持续到星期天。每逢感恩节这一天，美国举国上下热闹非常，基督徒按照习俗前往教堂做感恩祈祷，城市乡镇到处都有化装游行、戏剧表演或体育比赛等。分别了一年的亲人们也会从天南海北归来，一家人团圆，品尝以"火鸡"为主的感恩节美食。

1879 年加拿大议会宣称 11 月 6 日是感恩节和全国性的假日。在随后的年代，感恩节的日期改变了多次，直到在 1957 年 1 月 31 日，加拿大议会宣布每年十月的第二个星期一为感恩节。

六、圣诞节

圣诞节，每年 12 月 25 日，是教会年历的一个传统节日，它是基督徒庆祝耶稣基督诞生的庆祝日。在圣诞节，大部分的天主教教堂都会先在 12 月 24 日的耶诞夜，亦即 12 月 25 日凌晨举行子夜弥撒，而一些基督教会则会举行报佳音，然后在 12 月 25 日庆祝圣诞节；而基督教的另一大分支——东正教的圣诞节庆祝则在每年的 1 月 7 日。

西方人以红、绿、白三色为圣诞色，圣诞节来临时家家户户都要用圣诞色来装饰。红色的有圣诞花和圣诞蜡烛；绿色的是圣诞树，它是圣诞节的主要装饰品，用砍伐来的杉、柏一类呈塔形的常青树装饰而成，上面悬挂着五颜六色的彩灯、礼物和纸花，还点燃着圣诞蜡烛。

红色与白色相映成趣的是圣诞老人，他是圣诞节活动中最受欢迎的人物。西方儿童在圣诞夜临睡之前，要在壁炉前或枕头旁放上一只袜子，等候圣诞老人在他们入睡后把礼物放在袜子内。在西方，扮演圣诞老人也是一种习俗。

第三章　世界主要国家和地区禁忌

全世界 70 多亿人口，分散居住在 200 多个国家和地区，分属 2000 多个大大小小的民族，信仰着各种宗教，具有各自独特的民族传统和习惯。由于各个国家和民族的历史、文化背景及传统的习俗不同，在其理解的形式上自然会有差异。了解各国、各民族的宗教信仰和禁忌，有利于促进民间外交工作的顺利开展，加强与世界上其他国家人民的友好交往。

第一节　亚　洲

一、日本

在饮食习惯上，日本人喜清淡，忌油腻，爱吃鲜中带甜的菜，不喜爱吃羊肉和猪内脏。在进食用筷时，日本人有"忌八筷"之说，即忌舔筷、迷筷、移筷、扭筷、插筷、掏筷、跨筷、剔筷。

赠送日本人礼物时，忌送梳子，因为在日语中，"梳子"与"苦死"谐音；忌送玻璃、陶瓷等易碎品；忌送带有狐狸、獾、菊花等图案的物品；忌送带有 4，6，9，12 等不吉利数字的物品。日本人不喜欢绿色和紫色，认为它们带有不详和悲伤的意味。三人并排合影时，日本人不喜欢站在中间，认为这是不祥的预兆。日本人忌荷花，认为荷花是妖花。

二、韩国

在饮食习惯上，韩国人以米饭为主食，早餐也习惯吃米饭，不吃稀饭。韩国人在用餐时很讲究礼节，不随便出声，不边吃边谈。

韩国是一个礼仪之邦，若与长辈握手时，还要以左手轻置于其右手之上，躬身相握，以示恭敬。用餐时，男子见面，可打招呼，相互行鞠躬礼并握手，但女性与人见面通常不与他人握手，只行鞠躬礼。

韩国人忌讳"4"这个数字，认为此数字不吉利，因其音与"死"相同。在韩国没有 4 号楼，不设第 4 层。

三、新加坡

在饮食习惯上，新加坡人以米饭、包子为主食，不吃馒头，偏爱中国广东菜；早点喜用西餐，下午爱吃点心。

在新加坡通常的见面礼是鞠躬或轻轻握手；印度血统的人见面行合十礼。

新加坡人忌讳数字"7""4""6""13""37"和"69"；不喜欢黑、白、黄和紫色，喜欢红、绿、蓝色；忌讳用手指指人、双手叉腰或是将握紧的拳头放在另外一只手的掌心；忌讳谈论个人性格、当地政治、种族摩擦、配偶和宗教信仰等话题，忌讳说"恭喜发财"；忌讳猪、乌龟等图案，喜欢红双喜、大象、蝙蝠、金鱼等图案。

四、泰国

在饮食习惯上，泰国人以大米为主食，喜欢吃辣味食品，饭后喜欢吃鸭梨、苹果等水果，但不吃香蕉。最具民族特色风味的食物是"咖喱饭"。

泰国人的常用礼节是合十礼。朋友相见，双手合十，稍稍低头，互相问好。在泰国，若有位尊者或长者在座，其他人无论坐或蹲跪，头部都不得超过尊、长者头部，否则是极大的失礼。

泰国人有"重头轻脚"的讲究。所谓"重头"，就是说泰国人认为头颅是人的智慧所在，神圣不可侵犯，因此是不能被触摸的；所谓"轻脚"，则是说泰国人认为脚除了走路之外，别无所长，因此，他们忌讳用脚底朝向别人，就座时，最忌跷腿。与泰国人见面时，严禁用左手与他们相握，或用左手传递东西。泰国人睡觉时忌头朝向西方，因为日落西方，象征死亡。在泰国，国王深受人们的爱戴和尊敬，因此对泰国国王和其他王室成员，绝对不允许任意评说。

五、马来西亚

在饮食习惯上，大多数马来西亚人喜食牛、羊肉，口味清淡，怕油腻，习惯餐餐吃水果。

马来西亚人忌食狗肉、猪肉，忌讳使用猪皮革，忌用漆筷（因漆筷制作过程中用了猪血），忌谈猪、狗话题。马来西亚人认为左手不干净，故不用左手为别人传递东西；忌用黄色，不穿黄色衣服；忌讳的数字是"0""4""13"。马来西亚禁酒，因此在用餐时是不用酒来招待客人的。

第二节 欧 洲

尊重隐私

一、英国

在饮食习惯上，英国人的口味偏清淡，不喜欢吃辛辣、油腻的食品。英国人习惯一日四餐，即早餐、午餐、下午茶点和晚餐；喜欢喝啤酒、葡萄酒、威士忌等；特别爱饮茶，尤其是浓红茶。

在英国的教育中，儿童要敬月而不可用手去指，要敬星而不可去数。英国有一个怪俗，即把新的一年是否吉祥如意，全都寄托在第一个来访的客人身上。若是来人善良或富有，则会交好运；如若一个凶恶或贫穷的人来临，则会倒霉。

英国人忌讳数字"13"和"星期五"；忌讳别人过问他们的活动去向、政治倾向及个人生活上的琐事；忌讳以王室的家事作为谈笑的话题。英国人忌讳四人交叉式握手，认为这样会招来不幸；同别人谈话时，不喜欢距离过近，一般以保持 0.5 m 以上为宜。他们还特别不喜欢山羊、大象、孔雀、黑猫、蝙蝠的图案。送花时忌送百合花，英国人把百合花看作是死亡的象征。

二、俄罗斯

在饮食习惯上，俄罗斯人以面包、牛奶、土豆、牛肉、猪肉和蔬菜为主要食物，喜欢用啤酒佐餐，爱喝烈性酒，一般不吃乌贼、海参、木耳等。

俄罗斯人和其他西方人一样，忌讳"13"这个数字，另外他们还厌恶"666"这个数字，因为在圣经中这是魔鬼的代号。相反他们偏爱7这个数字，认为7象征着幸运和成功。他们有"左主凶右主吉"的传统思想观念。认为左手握手或左手传递东西及食物等，都属于一种失礼的行为。忌讳打翻盐罐，把这看作家庭不和的预兆。酷爱鲜花，但送人鲜花时，忌送菊花、杜鹃花和黄色的花视镜子为神圣的物品，认为打碎镜子会带来疾病或灾难，但如果打碎了碟、盘等餐具则会被认为是富贵和幸福的象征。

三、德国

在饮食习惯上，德国人以土豆和面包为主食，口味偏清淡、酸甜，喜欢吃牛肉、猪肉、鸡肉、鸭肉、海鲜和蔬菜，喜欢喝啤酒。

德国人忌讳数字"13"和"星期五"，也不喜欢数字"88"，对纳粹党党徽的图案十分忌讳。给德国人送礼物时，忌送玫瑰和蔷薇花，因为玫瑰代表求爱，蔷薇花表示悼念亡者。与德国人交谈时，应避免涉及年龄、收入、婚姻状况等私人问题；德国人不喜欢听恭维话，认为过分的恭维实际上是对人的看不起；忌讳交叉式的谈话，认为这是不礼貌的；忌讳在公共场合窃窃私语。德国人不喜欢红色、红黑相间及褐色，尤其忌绿色（纳粹军服色）。

四、法国

在饮食习惯上，法国人口味偏酸甜，喜欢鲜嫩，爱吃牛肉、鸡肉、猪肉、鱼子酱、鹅肝等，但忌食无鳞鱼，不爱太辣的菜肴；喜爱葡萄酒、香槟酒和各种干鲜奶酪。

法国人也非常忌讳数字"13"和"星期五"，认为它们隐含着凶险。在法国，每一种花都有不同的含义，因此送花时要格外注意。忌送菊花，因为菊花表示对死者的哀悼，杜鹃花和纸花也是不吉利的象征；忌送黄色的花，因为他们认为黄色代表不忠诚；给女士送花时，宜送单数，但应避开"1"和"13"这两个数字。给法国人送礼物时，宜选择具有艺术品位或者纪念意义的物品。在收到礼物时，如果不当送礼者的面打开包装，则是一种无礼的表现。法国人忌讳孔雀、大象、仙鹤和乌龟，因此在送人礼物时，应避开带有这些图案的物品。男士忌送香水或化妆品给恋人和亲属以外的女人，因为这有过分亲热和图谋不轨之嫌。法国人讨厌核桃，对黑桃图案也颇为忌讳。

第三节 南北美洲

一、美国

在饮食习惯上，美国人用餐追求快速和方便；口味喜清淡、咸中带微甜；爱喝白兰地、威士忌，也爱喝葡萄酒、果酒和啤酒，咖啡、牛奶及中国的花茶。美国人不爱吃鸡爪、猪蹄、海参等，也不吃动物内脏。

美国人同样十分忌讳"13"与"星期五"。美国人忌讳有人在自己面前挖耳朵、抠鼻孔、打喷嚏、伸懒腰、咳嗽等，认为这些都是不文明、不礼貌的；忌讳有人冲他伸舌头，认为这是污辱人的动作。美国人十分重视隐私权，最忌讳打听别人的私事。与美国人交谈时，应保持一定距离，声音不可太大，并且注意礼貌用语的使用。美国人讨厌蝙蝠，认为蝙蝠是凶神恶煞的象征；也忌讳黑色的猫，认为黑猫会给人带来厄运。美国妇女因有化妆的习惯，所以他们不欢迎服务人员送香巾擦脸。

二、加拿大

在饮食习惯上，与美国接近，口味偏清淡，喜甜味，特别爱吃烤制食品的习惯，如烤牛排、烤鸡、烤土豆等，有饭后喝咖啡，吃水果的习惯。忌吃虾酱、鱼露、腐乳和臭豆腐等有怪味、腥味的食物；忌食动物内脏和脚爪；也不爱吃辣味菜肴。

加拿大人同样对"13"和"星期五"颇为忌讳。与加拿大人交谈时，不要议论宗教问题、评说英裔加拿大人与法裔加拿大人的矛盾、探讨魁北克要求独立的问题。另外，也不要将加拿大与美国作比较，或称加拿大为美国的"小兄弟"。给加拿大人送礼物时，忌送白色的百合花，因为这种花是在葬礼上使用的。加拿大人忌讳说"老"字，因此在称呼他人时不要以中国人的习惯在对方名字前加"老"字。加拿大妇女有化妆的习惯，因此他们不欢迎服务员送擦脸香巾。

三、墨西哥

在饮食习惯上，墨西哥人以玉米为制作主食的主料，喜食牛肉、鸡、蛋及蔬菜，特别喜欢吃辣的食品。他们不喜欢油腻的菜品和用牛油烹调的菜肴，也不愿意吃用鸡油做的点心。

墨西哥人也十分忌讳"13"、"星期五"。墨西哥人认为"男子穿西服，女子穿长裙"才合情理，公共场所出现"男子穿短裙女子穿长裤"为有失体面。给墨西哥人送礼物时，忌送黄色和红色的花，因为他们认为黄色意味着死亡，红色花会给人带来晦气。墨西哥人忌讳蝙蝠及其图案；忌讳紫色，认为紫颜色是一种不祥之色，因为只有棺材才涂这种颜色；还忌讳用中国人惯用的手势来比划小孩的身高。

墨西哥的恰姆拉人有一种迷信习俗，他们认为照相是一种十分可怕的巫术，相机能把人摄进黑洞里去，变成一个形体丑陋的魔鬼，所以他们非常忌讳照相。墨西哥南部奴雷谷一带的人忌讳客人一进屋就脱去帽子，他们认为这样意味着客人是来寻衅和报仇的。墨西哥的阿斯特克人把酒视为邪恶的源泉。他们认为只有老人才能开怀畅饮。这大概是因为他们的年岁较大，经验丰富，有同邪恶斗争并战胜它的能力。如果青年人喝酒，定会被看成是十分错误的行为，必然会受到严厉的惩处。

四、古巴

在饮食习惯上，巴西人主要吃欧式西餐，喜欢饮咖啡、红茶和葡萄酒。在饮食上特别重视菜肴的色彩，若缺乏艳丽的颜色，即使味道再美的菜肴，他们也感到不称心。

手势不能乱用

巴西人同样忌讳"13"和"星期五"；忌棕黄色，认为是厄运的象征。送礼物时，忌送手帕，因为他们认为手帕会带来争吵和不愉快；忌送刀剑，认为这是割断友谊的象征；忌讳戴帽子，认为只有亲人去世了，才戴帽子来表示悼念。"OK"手势在巴西被认为是一种极不文明的表示。